U0165763

遇見幸福 4.0

18篇人生暖暖練習題

林爵士——主編
邱春美、盧以琳、李虹叡、林爵士、何曉暉、郭育志、
彭素枝、賀豫菁、傅瓊儀、詹玉瑛、顏君璋、龔仁棉　——著

推薦序

　　幸福平安是每個人出生在這世間最希望得到的。

　　佛光山開山星雲大師，在2012年發表過一篇「幸福與安樂」的主題演說，提出四個可以獲得幸福與安樂的寶貴意見：

　　1. 淡泊知足是幸福安樂

　　2. 慈悲包容是幸福安樂

　　3. 提放自如是幸福安樂

　　4. 無私無我是幸福安樂

　　大仁科技大學在王駿發校長的帶領及所有教職員認真的辦學之下，校務蒸蒸日上。本次教科書由林爵士教授主導，以「幸福對象」為主軸，與學校推出以「幸福」為校務發展的願景有相互輝映之效。期盼讀到此書的人，都能擁有滿滿幸福的正能量，進而嘉惠身邊週遭的每一個人。

佛光山屏東講堂住持

釋永嚴

2017.06.21

主編序

　　2017年世界大學運動會甫在臺北落幕。短短12天，這座城市在世界上被看見，這個國家贏得尊敬與掌聲。臺北世大運，榮耀的不只是為自己贏得桂冠的選手們，也無形中鼓舞著更多的國人，「相信自己可以做到、做好」。

　　這塊土地之所以讓人感到美好與希望，是因為它始終存在著許多激勵人心的故事。本書的作者群深信，即使在今天標舉科技與經濟發展至上的「工業4.0」時代，期望探索內在、追求自我實現的人生幸福，仍是許多人隱於心靈深處的渴求。也因這樣的認知，我們擇定以「傳達幸福的正向生命能量」為主軸，尋找具獨特個人魅力，活出自我生命價值的風采人物，透過採訪與文字所呈現的18篇真實生命故事，可以給身處茫茫宇宙之海，偶感困惑於生命方向的你我，提供滋養身心靈的參考處方。

　　12位作者的文字風格或各有特色，但筆下所鋪陳的人物內容卻是豐富多采的。審視自我成長的留學青年；把酒瓶拋向藍天的世界調酒冠軍；由國手到國際級裁判的滑水女孩；「以生命陪伴生命」的部落彩虹天使；沒有被失怙失恃擊倒的90歲樂齡長者；矢志推動幸福的大學校長；熱愛鄉土的客家六堆志工伯伯；秉持幸福來自利益眾生

的行善老婦；把螢光魚行銷全世界的中年男子；與夫婿把木瓜種到泰國的歐巴桑；只為一抹茶香、一圓鏡頭夢想的退休老師；將職業化為志業的新加坡生命禮儀達人……，這些人儘管境遇、年齡、身分不同，然因誠懇面對自我，選擇正向積極的人生路徑，終能遇見更好的自己，走出屬於自己的藍天，甚至成為綻放光亮的助人天使。

　　成事，出之於己者少，倚之於眾者多。沒有王駿發校長的倡議，沒有這本書的孕育；沒有如此溫暖的參與夥伴、如此可敬的故事主角，沒有這本書的誕生。《遇見幸福4.0》是一本提燈照路，勾勒有些人是這樣看待自己，並且堅定活出自己的生命之書。如果，這本書能有機會讓喜歡閱讀的你，多一點幸福可能的想像，多一層生命價值體會的指引，這絕對是身為作者的我們最感欣慰的一件事。

　　魯迅說過：希望就像路，人走多了，就走出一條路來。「遇見幸福4.0」希望與你有「遇見」的機會。

林爵士

2017年9月初秋

目錄

chapter 3 **綻放光亮的天使**

chapter 1

遇見更好的自己

用鏡頭寫夢想的影像工作者

金穗獎紀錄片大師　邱才彥導演

文／盧以琳　圖／邱才彥

在屏東的某一個角落，您會看見一個身影，一位中晚年男子扛著一臺重重的電影機，緩步移動著身軀專注地紀錄著屏東的城鄉光影。現已六十多歲的邱才彥導演，曾是一位國中國文老師，對影像有著高度熱情的他，一面任教、一面以八支影片，拿下第一屆至第五屆的金穗獎，是屏東縣的紀錄片大師。退休了以後，開始心無旁騖的掌鏡，他說：「我的影像人生正要開始呢！」

用吃飯錢換來的電影票、漫畫租金

出生於屏東竹田美崙村，父親是公務員，母親是家庭主婦。邱導演從小的娛樂是看電影和漫畫，從住家到有戲院的內埔，走路要半個鐘點，媽媽經常帶全家去看電影，由於家庭經濟並不優渥，所以家人必須輪流。當沒有輪到邱導演的次數，邱導演就會耍耍小聰明，事前到中途的公墓旁遊玩，等家人們經過時，再「不經意」地創造機會加入行列。

小時候，媽媽會幫邱導演帶白飯便當，再給零用錢在路上買些花生、肉圓……等當配菜，邱導演經常把這些錢省下來去租漫畫看。因為沒有配菜，只有白飯不好吃，邱導演常在回家的路上把飯倒掉，回家還得到媽媽讚賞，媽媽以為飯都吃光光。直到有回學校進行健康檢查，發現邱導演體重過輕，於是通知邱媽媽，並給了蛔蟲藥，以為是染了蛔蟲而造成營養不良。

為了看電影和漫畫，寧願省下飯錢挨著餓及犧牲午睡時間，從小

興趣、熱情就已很具體和清晰。

教師鐵飯碗與臺北導演夢的掙扎

　　花了很多時間在電影和漫畫上，當時功課普通的邱導演，卻在國文有較突出的表現，從小在班級裡，造句和作文的表現就能展現高於平輩孩子的水準。因著好成績和對國文的好表現，邱導演大學考上了臺北師範大學國文系。在當時的社會，老師行業是標準的鐵飯碗，父母親自是高興又驕傲地期待著兒子能如願畢業到國中任教。邱導演除了認真讀書，在大二升大三那一年的暑假，參加了中影文化城電影技術訓練班，學習了基本技術後，開始用自己存錢買的中古八釐米黑白膠捲電影機，於空閒時候拍攝短片，並自己沖洗，出去玩時播給朋友看，頗自得其樂。邱導演表示那時要找一本很棒的電影參考書，費盡心力仍不可得，只好靠自己摸索和不斷地試驗，但他從來沒有感到氣餒，反而經常為了一點小發現和些微的進步，而雀躍不已。

　　畢業以後，雖然很想留在臺北繼續學習電影技術，但是在家長的頻頻催逼之下，只好先回屏東教書。暫時放下夢想，但是心裡還持續掙扎著，一開始在牡丹國中任教，該校很多原住民小朋友，生動的肢體和超棒的演技，使得邱導演一面教書，一面忍不住利用課餘時間邀約孩子們拍攝劇情片，拍好了一片，就從山上寄到臺北參賽，前後一共得了八座金穗獎。

　　後來轉任到屏東市中正國中，一度有機會獲邀到臺北擔任導演，

 幸福金句：希望自己可以多一點行動，少一點遺憾，這是社會責任。　　7

邱導演為了向校方請假，而到醫院做身體檢查，希望能找到病假的理由可以請假兩個星期，沒想到收到體檢報告時，卻意外發現血小板過低疑似罹患血癌，一般人遇到此狀況應該會很驚嚇，邱導演竟然覺得很高興，認為「最起碼還可以請假嘛！」，真的如願到了臺北，一度以為是拍文學作品，但是開始討論劇本後卻發現對方要拍的是清涼的泳裝商業作品，和原始想像差距太大，再加上父親一再催促其返家，使得邱導演的臺北導演夢，旋即失望而返，回鄉後再到大醫院做詳細檢查，卻發現是一場誤診，邱導演笑稱上天為他安排了一場見證。

　　再回到屏東，邱導演形容自己暫時「認命」，順從了教師工作是「不可多得」的社會價值觀，但是悄悄地將電影理想轉移到紀錄片。對邱導演來說劇情片才是熱情所在，但是礙於教師的職責，有時空的限制，紀錄片因為可以在假日時間拍攝，具有時間上的彈性，而且還可以繼續親近喜愛的影像，成為了邱導演退而求其次的選擇。

發現影像紀錄的社會責任

　　由於經常參展而小有名氣的邱導演，開始受邀臺影公司董事每年以特約方式為其拍攝一至兩部紀錄片，而後開始有社團和地方

人士主動請求邱導演拍攝關於社區歷史文物、具有紀念價值的建築物……等變遷的過程，邱導演拍著拍著，開始留意到「他們怎麼都找我啊？」、「因為別人沒有電影機，我有；別人沒有這樣的技術，我有。」他逐漸發現「我不拍，就沒人拍了嘛！」這是邱導演第一次發現他的影像紀錄是具有社會責任的。

從中正國中再轉任屏東女中，新的工作位址改變了邱導演上班的路程，經常一天一至兩次經過「五分車」的路口，停下來讓路給「五分車」通過的片刻，靜靜地看著「五分車」和它背景中的人車，漸成為邱導演生活的一部分。忽然有一天，聽說「五分車」要停駛了，紀錄它最後的身影對已習於做社區遷移紀錄的邱導演來說，是件再自然不過的事。一開始先做黑白靜態的攝影，很快地，邱導演發現唯有影像能記錄火車動態的美，和它發出的嗒嗒聲，這移動的過程其實流動著屏東人的生活。

這段時間發生了一件事，更正式啟動了邱導演開始「用影像紀錄家鄉」的意志。在當時，邱導演除了持續著教職，也一直熱衷參與拍攝工作，於是結交了一群攝影朋友，這群同好邀約一起到國外拍攝系列景色主題，再共同回國展出，沒多久後一群朋友去黃山，邱導演則帶著全家到加拿大拍洛山磯山脈。拍攝了將近一個月的時間後，有一天，在一個名為「班夫」（Banff）小城裡的一家書店，邱導演無意間翻閱了一本攝影書，是在地人拍攝當地的春、夏、秋、冬和祭典照片，深度的人文內涵，使得邱導演這外地人，感覺自己「從老遠的地

方來，停留沒有幾天，就想回去做展出，根本只是皮毛而已，其實很好笑！」當下內心受到極大的震撼，觸動了邱導演開始關照自己家鄉的意志，於是起步動身回家。

　　回程的路上，邱導演省思著：「我們庸庸碌碌、到處忙，忙的一些專題，不見得和我們的地方有關係。」、「家鄉附近其實人文非常多，為什麼我們不介紹、不去關懷和記錄，跑那麼遠去？」一連串的問號和自我對話，邱導演對自己接下來的拍攝工作有了清晰的定位，促使他決定開始用影像敘說他居住、工作多年所看見的屏東。

在拍攝的過程裡參與屏東

　　繼續著拍攝工作，邱導演開始聚焦於屏東的人文。他說：「我現在正在拍『扶鸞』，它是文戰的一種，快要失傳了，它主要在傳達神的旨意，和具有教化百姓的意義。我拍每一部片都在學習，像拍「五分車」時一樣，進入那個領域，才知道他們的作業狀況，還有沿著鐵道去做紀錄，我才知道北市場的老百姓跟火車的關係，甚至於跟鐵軌之間的關係。我是這樣，才更進一步認識到屏東市的。」邱導演在拍攝的工作裡，

與屏東的人文深度交融著。

　　邱導演回憶起萬年溪要加蓋時，只有兩、三個在地協會在關心，偶爾會聽到他們抗爭行動的消息，原本只是因為冰箱裡有很多底片，就去拍攝這些畫面。協會為萬年溪舉辦祭典並有許多的宣導活動，拍攝的次數多了，邱導演也越來越有感，他氣憤地說：「活的河流要讓它死掉，真是非常荒謬！」他說明著當時的情形，原本溪旁的住戶是贊成的，因為能增加可用地，用來停車、做生意等，並能提高當地的經濟效益，但是從生態保存的觀點來看，這是不智之舉，且一旦完工將難以復原。當時社會的環保風尚低落，政府派人先在萬年溪上加了很多柱子，預備著將之整個封蓋，反對人士急著召開會議陳情。邱導演紀錄了很多團體來解說河川的情形，但是開了很多會，公私部門仍然無法達成共識，這一拖，經過十五、十六年，邱導演形容自己的鬥志慢慢地消沉了，拍攝的影像也漸漸地老舊，負擔不起昂貴的沖洗費和充滿未知的未來，底片的素材隨著歲月的推進，從電影片到錄影帶再到記憶卡，邱導演敘述著：「拍一個河川，拍到素材都改變了。」

　　多年以後，邱導演因緣際會得知屏東文化處有萬年溪相關的標案計畫，於是整理了這些年來累積的影像資料參與投標，很快地如願標上，開始有了經費作後盾，邱導演再次展開萬年溪的拍攝工作。拍攝的過程裡，適逢曹啓鴻縣長於2009年上任，協會持續向新任縣長陳情，沒想到曹縣長居然是認同拆除的。他從公聽會開始舖陳，並透過建設濕地公園改善水源狀況，隨後再向中央申請經費，邱導演形容

曹縣長在一場公開的會議中大聲宣佈：「中央也好、地方也好，你們都是殺死河川的劊子手。我爭取這個經費，我就有辦法讓這個河川活起來。」邱導演認為曹縣長的演說講得很動人，拍到這一幕，讓邱導演很感動。邱導演完整紀錄了從加蓋到拆除的過程，卻遲遲沒有讓影像曝光，他考量著如果在曹縣長在任時呈現，會被誤認這是逢迎的行為，後來在一場北部的研習課程裡，學習到文化工作者應穿越政治的枷鎖，獨出於通俗的概念，於是才讓此部紀錄片問世。

邱導演在拍攝與參與萬年溪加蓋、抗爭、拆除的長時間裡，與愛屏東的個人、公私部門有了交集，也形塑了自己以一位影像工作者與在地人、事、時、地、物的對應關係。

用影像見證歷史、保留人事

邱導演最早的夢想是劇情片，有時也拍微電影，但心裡一直未忘情於電影夢。但是紀錄片被整個社會氛圍推到邊緣，他慢慢自覺有

責任，除了拍攝屏東社會的時事，他也持續進行著風雅人文軼事的記錄。

　　邱導演默默地記錄民謠老師父已經十年以上了，拍完就先擱置，偶爾有空會稍做整理。偶然得知2016年文化處有個關於恆春民謠節的標案，標案審查的那天，邱導演從眾多的影像資料中擇選呈現的是老師父陳英[1]民謠歌唱影像，他說：「陳英老師父年輕時代唱起來丹田很有力，現在八十多歲老了，嘴巴顫抖的樣子，我做了一些對照。有些紀錄要去做，你不去拍就沒有紀錄。」那一場簡報，邱導演順利爭取到了標案。

　　對於人事的歷史保留開始感到急切的想法漸清晰，邱導演表示他並不是有特別的信念，而是從很多的挫折慢慢地推演出來的。他敘說自己有個遺憾，屏東竹田車站有個李秀雲老先生的攝影紀念館，李老先生畢生拍了很多早期客家婦女工作的情景，都是靜態作品。邱導演有段時間常跟李老先生約定要拍攝他工作解說的樣子，結果經常因其他工作而改期，就這樣拖著，直到最後一次，本來下定決心當天一定要去拍，卻因為一通電話再跟李老先生延了時間。沒想到隔沒多久，在報紙上看到李先生過世了，從此之後，每回到李秀雲紀念館就會懊悔，邱導演說：「如果當時有拍攝到他講話、工作的樣子，那個空間

註1：陳英老師是現在少數能完整詮釋恆春民謠六種曲調的國寶級大師。

 幸福金句：希望自己可以多一點行動，少一點遺憾，這是社會責任。

就可以擺個電視，可以讓去參觀的人看到活生生的他，可以聽到他的聲音，這是我非常非常遺憾的一件事。」邱導演表示不只這個遺憾，還有其他的，他在必須以教職為主軸的生涯裡錯過了很多珍貴的畫面和故事。

他說：「多年來，拍了很多也不知道未來是不是也可以用，很多藝術工作者都相信冥冥中，都有某個狀況會關照。」2016年因應恆春民謠節，才整理了保存一段時日的影像資料，發現：「我有拍這張啊？我怎麼丟在那裡？發現這些CASE都幫助我開始整理以前的東西。」好可惜沒有拍攝下來、還好我以前有拍攝這些……，這些聲音在現在的邱導演心中，他希望自己可以多一點行動，少一點遺憾，他說：「這是社會責任。」

⚇ 在風俗的影像紀錄裡學會謙卑

屏東的風俗在邱導演的紀錄片生涯裡，也是個重要的項目。邱導演對拍攝東港的經歷特別感到印象深刻。他形容這段經歷帶給他的學習：「拍紀錄片感受最強烈的，是我們常常都自以為是，在網路上抓一些資料，就以為這個城市是這樣的面貌、這樣的內在，就進去要拍我們主觀想的，幾乎到最後都把原先的構想整個推翻掉。」

大部分人對東港的印象是流水席、燒王船，以及那座將近一億元的黃金門樓，當文化處商請邱導演拍攝東港時，邱導演第一個意念是要以「金色的牌樓」為片名來嘲諷東港的奢侈與浪費。第一個出拍的

任務是要出海拍攝補櫻花蝦的影像，邱導演於前一天先去拜會當地船長，希望能讓其上船跟拍，沒想到沒有一位船長願意，於是導演再去請求城隍廟廟祝協助，終於有位船長答應。船長看了導演的身分證，核對了出生年月日確定不會相剋，再詢問會不會游泳和暈船。第二天清晨三點就到約定的地點上船，船長很親切地招呼導演一起吃早餐，船從東港駛往水底寮，導演留意到船長室貼滿了符咒，第一趟一收網居然掛零，整個船上的氛圍丕變，沒有人有好臉色，中餐也不找導演一起吃了，還好，第二趟竟然滿滿一袋，就有人叫導演用餐了。邱導演說：「有點挫折的時候，在海上浪很大，在海浪中上下漂搖，抓緊桅桿，看著眼前、身旁還有別的船，都在大海裡載浮載沉，那時才了解東港人的心漂泊在海上，他們為什麼那麼相信神，為什麼會有燒王船、酬神、流水席……這麼盛大的儀式。」

　　這段特別的拍攝經驗，讓邱導演了解到任何一個風俗的形成都不容易，一位外來的工作者試著要進入一個部落、一個城市或是拍攝一個人，都應該放下自己的主觀，用最謙卑的態度聽當地人怎麼說他們自己的故事，工作者只要如實地用影像呈現原貌，就會有當地的溫度在看故事的人心裡蔓延開來。

因拍攝工作得以深入另一個人的生命

　　邱導演也拍攝個人的生命故事。2012年屏東基督教醫院邀請邱導演紀錄畢嘉士大夫，邱導演因近身拍攝，而與畢大夫熟識。他的影

像故事從畢大夫剛結婚不到30歲，與妻子一起從挪威花兩個多月時間搭船到臺灣服務開始，畢大夫專門醫治肺結核、痲瘋病、小兒麻痺，有許多偉大的行醫事蹟。邱導演說：「拍著拍著，我突然有個很大的疑惑，畢大夫的使命是傳教，但是他沒有特別傳教，只有付出，甚至經常免收窮苦人家的診療費。為什麼他要這麼老遠來到臺灣？」邱導演為了了解其中的緣由，和夫人一起親自到了挪威，才知道挪威是宗教王國，全國上下瀰漫著濃厚的宗教情懷，畢大夫深受宗教的薰陶，遂使他有力量飄洋過海遠到陌生的臺灣奉獻他的一生；邱導演也在當地追蹤畢大夫的年輕時代，得知畢大夫的父親是名工人，經常幫助辛苦的人，畢大夫的行善也受家庭教育的影響；還有位過世後被樹立雕像於公園裡的士紳，他在世時經常以文宣和行動幫助社區裡需要幫助的人，是畢大夫成長過程裡所尊敬和模仿的人物。

　　邱導演形容與畢大夫的友誼是一個緣分，畢大夫的故事在屏東早是人們耳熟能詳的故事，但是經由紀錄片的拍攝過程，才得以親近深入。關於親近他人的故事，隨著時間的推進，拍片量與故事量同時增加，邱導演時常遇見片子主人翁對於某些故事不願深談，有時顧左右而言他，有時直接拒絕，對於主角的擔心，邱導演越來越能同理，並謹慎考量影像曝光後對主角生活的影響。

電影夢想正要開始！

　　回首往昔，邱導演笑著說：「我們也有夢想！只是因為要教書，

大學時代沒有電影、數媒、傳播等相關科系，在職場時，背負著學生重重的升學壓力，退休時，邱導演跟學生們分享，自己像是剛剛大學畢業，開始要追逐夢想。」身為屏東第一女中的國文老師，邱導演利用零星時間紀錄著城市的變化，但上課鐘聲經常使紀錄不能連續，而錯失了珍貴的畫面，因此邱導演很珍惜假日完整的拍攝時間，平時每晚改完考卷，才能一點一點編輯著假日拍攝的影像，經常清晨兩點才能上床入睡；也曾在升學主義緊繃的課程裡，頂著被其他老師誤解偷懶的危機，讓學生們看經典電影和接觸藝術。終於在退休以後，可以安心、專心地實現自己從小的夢想，邱導演形容自己的電影夢正要開始！

從拍攝五分車的結束身影——「最後一班小火車」開始，接連著萬年溪加蓋事件、以八八風災災後重建歷程為主題的《走過48K》、《踩在巧克力之上》、《塩子三媳婦》、《爛泥粲筍》與《看見重生的力量》……等，其中《塩子三媳婦》有入圍金鐘獎，到慢慢消失中的行業「撿骨師」、「夢迴老戲院」透過老戲院的故事，呈現內埔鄉四十到六十年代三家老戲院所代表的在地娛樂風華；他也受屏東縣政府文化處邀請整理歷年攝影作品，以「客家宗祠之美」為主題舉辦攝影展，用靜態作品展現客家生活面貌、到國中作「藝文深耕」電影拍攝實務課程帶領、到大專院校擔任「紀錄片的拍攝技巧」講座及課程教授等。邱導演用他不同的姿態繼續著影像工作……

為了看電影和漫畫，寧願省下飯錢挨著餓及犧牲午睡時間。

考上了臺灣師範大學國文系，心裡卻想著拍電影。

畢業後回到屏東，一面教書，一面忍不住利用課餘時間拍攝（五分車）。

退休了，邱導演說：「我的影像人生正要開始呢！」

「阿公ㄚ聲」的幸福

偏鄉說故事者——張文慧

文／龔仁棉

能啓動我們一生前進的動力到底是什麼？什麼又是屬於你自己與生俱來就擁有的幸福感？也許與生俱來的聲音就可以是一種幸福感，一種具有超出我們想像的力量，當我們面對迷惘與逆境時，心中浮現的幸福感正是指引我們度過消沉苦痛的力量。對幼童而言，幸福感不一定是物質或財富可造就，有時只要逗逗小臉蛋，讓笑臉如同花朵般開展，即是幸福的綻放。因此，笑容與笑聲便成爲個人幸福指數的客觀偵測指標之一[1]，然而童顏一笑也許能感動天地，融化你我的心，但這幸福的花朵能持續綻放多久？後作力有多深？這樣的幸福感能如同新世代工業4.0[2]的設定一樣，啓動網絡式的感控系統成爲指引我們一生前進的動力嗎？

　　筆者身爲親子共讀的推動者，特別關心幼童是否能感受共讀繪本的樂趣，在共讀中綻放幸福的花朵，而什麼又是推動偏鄉共讀者的動力來源？爲此，筆者訪談了一位總是樂於到偏鄉說故事散播幸福種子的故事達人——張文慧老師，接下來就讓筆者以夾文夾敘的方式，採錄文慧老師成爲故事達人的人生故事，學習她如何尋找引領一生的幸福聲音，進而藉由聲音促進幼小心靈的幸福感，以及偏鄉說故事的行

註1：參考王駿發等合著（2014）《幸福學概論》，第33-34頁，臺北：五南圖書出版股份有公司。

註2：參考維基百科「工業4.0」，檢索日期：2017.4.1。https：//zh.wikipedia.org/wiki/%E5%B7%A5%E6%A5%AD4.0

動，如何不斷的啓動她內在網絡式的感控系統，讓她不辭跋山涉水，只爲逗孩子綻放幸福的笑容。

從自卑的「阿公ㄚ聲」說起

文慧老師如今是大仁科技大學幼保系兼任講師，是學生們熱愛的「章魚老師」，她表示自己的身材實在不能取個「蚊子老師」之類的，自己姓張就取了個「章魚老師」當藝名，此藝名正可讓人想像她演說故事的氣勢，如同八爪章魚一般撼動感官。走過她的教室外，你可能遠遠的就會聽到她如同巫婆般高分貝卻渾厚的笑聲，然而這樣響徹教室的爽朗笑聲卻不是從小就有的。

「從小周遭的人聽到我的聲音，再看到我的人都會對我說：『我以爲妳是男生耶？』」這個童年的意象——「阿公ㄚ聲」，讓小文慧很自卑，爲了對抗別人的取笑就開始武裝自己，把自己表現得很強悍，好讓別人不敢隨便嘲笑。而這樣的聲音特質也讓邁入青春期的她一度行爲偏差，選擇會爲她「出聲」抵禦嘲笑的「哥兒們」靠攏，跟著放學不去補習也不回家、翹課、閒晃。

幸福的轉機——遇到「對的老師」

國中聯考完，父親將當時叛逆的小文慧帶到山上去，隔絕了那一幫「哥兒們」的朋友。暑假過後，高職進入了女校，遇到「對的老師」，當時的導師和教官都認爲這樣的「阿公ㄚ聲」是優點，可以發

幸福金句：聲音就可以是一種幸福的力量，能啓動不同的情感與想像！

揮在適當的時機，例如喊口號、當司儀、軍歌領唱等等。此外，有幸選讀幼保科，許多的專業科目包括唱遊、律動、體能遊戲、戲劇表演等等，在當年沒有隨身麥克風的年代，只能靠自己的聲音夠大、夠寬厚，小文慧與生俱來的「阿公ㄚ聲」，意外成為女孩群中的發聲者，從此，「阿公ㄚ聲」不再是自卑的「蛔蟲」，而是自信心的「揚聲器」。終於，天生渾厚的「阿公ㄚ聲」開始散發出幸福的音波，翻轉為啟動前進力量的「幸福A聲」。

💬 「幸福 A 聲」──從學習掌握自己的聲音開始

有了對自己聲音的自信之後，成為媽媽的文慧開啟了說故事生涯的追尋。和許多故事達人一樣，一開始是為了自己的孩子才努力下苦功學說故事，從說故事給自己的孩子聽，接著說故事給孩子的同學聽，然後勇敢說故事給全校的同學聽，再進階說故事給不同學校的學生聽，所有這樣的過程都是慢慢磨練出來的，而啟動這漫長的追尋機制可說是來自女兒對媽媽聲音的模仿。

初期在說故事時，只是一心想辦法讓女兒能夠專心聽，後來發現女兒聽完後，會再拿起故事書自己說一遍，而且會自己變化不同的聲音，原來是在模仿媽媽說故事時會改變各種角色的聲音，原來，自己說故事的聲音啟發了女兒也開始探索聲音的各種可能性，原來，這種對自己聲音的探索與開發，是充滿整個屋子的「幸福A聲」。

發現女兒喜歡並模仿這樣的聲音變化後，文慧媽媽開始購買有聲

故事CD回來反覆聽、學、說、演，開始一遍又一遍專研各種故事說演的技巧。從參加晨光媽媽到文化處的故事媽媽培訓，然後開始到各個圖書館去說故事，就這樣，成為學童們喜愛的「故事媽媽」。就這樣，越說就越湧起想讓自己的聲音更精進的念頭，於是更下定決心繼續去尋求各種有關於聲音訓練的課程，包括說話表達的課程、配音的課程、戲劇課程等等。每每坐夜車北上到天亮趕赴去上課，下課再坐高鐵當天來回，都是為了精進再精進，文慧老師深刻體會：「說一個好故事就要從掌握聲音開始，從認識自己的聲音開始，當懂得自己聲音的寬度、高度、廣度、柔軟度，就能配合故事情境變化出各種不同的聲音。」當時先生很反對，總是不懂為何不等南部有課程再上就好了，殊不知當時迫切想提升故事說演技巧的心，已是如此的全面啟動，就這樣持續北上參加各種有關於聲音表達的課程，長達十年。十年來，帶著追尋「幸福A聲」的力量，從「故事媽媽」再成為大學裡說故事課程的任課老師，並化身為巡迴偏鄉說故事的「章魚老師」。

照片提供：張文慧

☺ 「章魚老師」透過說故事逗孩子開心的祕訣

　　說到逗孩子開心的祕訣，文慧老師眼睛透亮，似乎通體有感，筆

者整理如下：

1. 讓孩子可以參與故事中有趣的聲音

在挑選故事時就需要考慮選擇是否有哪一個情境是可以設計成讓孩子參與的橋段，最簡單的像是讓孩子模仿動物的叫聲，先和孩子玩一玩動物的聲音怎麼叫，生氣的聲音和撒嬌的聲音怎麼變化，這樣孩子就很容易進入故事情境中。例如有個故事的主角是一隻黑母雞，牠放屁的時候會不小心連同肚子裡的蛋都「放」出來，故事開始前讓孩子們先練習放屁的聲音，然後隨著故事的發展，當母雞的動作是蹲下來的時候，孩子們就會深呼吸然後用力地發出「ㄅㄨˊ～」放屁的聲音，整個過程孩子都很期待「放屁」，沉浸在解放「禁忌」的樂趣中。

照片提供：張文慧

2. 讓聲音有各種變化

聲音就可以是一種力量，能啟動不同的情感與想像，當說故事的人出現不同角色的聲音時，孩子的眼睛就會跟著發亮，例如用機器人的聲音對孩子說話，孩子們也會張大眼睛用機器人的聲音回應，如

果發出巫婆的聲音，孩子們也會改成小心害怕的口吻回答，緊張的聲音、害怕的聲音、鬆一口氣的聲音，隨著情節變化各種聲音情緒，如此就很自然地帶動孩子一起加入聲音的變化，一起進行故事角色的模擬與想像，就這樣隨著章魚老師聲音的高昂與低落，孩子們也加入了聲音的合音與變奏，故事就會變得很熱鬧、很有趣。

3. 讓孩子也一起做出角色的動作

在偏鄉說故事現場多半是大大小小的孩子都有，還有爸爸媽媽或者爺爺奶奶可能1歲到70歲都有，如果是單方面的說故事，只能某個年齡層聽得懂，其他的年齡層就會躁動，如果加上各種角色的動作，孩子們就會很期待什麼時候要一起做動作，連大人也都會覺得很有趣。例如《喝光河水的母雞》[3]，主角母雞會吸進去任何東西，情急的時候就會吐出來，就可以請孩子一起做吸和吐的動作，但是「吸」要吸到口水快流出來在嘴巴裡打滾的聲音，把很好吃的感覺表

註3：文中所提相關繪本資訊如下：
1.《黑母雞找蛋》，文／洪志明，圖／張振松，愛智圖書出版
2.《喝光河水的母雞》，圖文／許恩美，圖／崔淑姬，漢湘文化出版
3.《我變成一隻噴火龍》，圖文／賴馬，親子天下
4.《早起的一天》，圖文／賴馬，親子天下
5.《快樂的滋味》，文／兔子波西，圖／賴馬，愛智圖書出版
6.《蚊子的聲音》，文／張晉霖，圖／龔燕翎，幼福出版社

現出來，而「吐」不能馬上吐出來，要發出吐到很噁心的聲音，當故事說到第三次「吸」和「吐」的時候，孩子就會很注意要幫著做出「吸」得很好吃的聲音，幫忙發出「吐」得很噁心的聲音，整個過程孩子好像自己也在說故事一樣，等到故事結束了，孩子也放輕鬆了，發現原來說故事是那麼累！當然也自然的隨著故事主角「吸」與「吐」的體驗，感受另一種生命的節奏。

照片提供：張文慧

4. 只呈現畫面遮掉文字

如果要呈現繪本的畫面，通常會把文字遮蓋掉，只呈現圖案畫面，這樣就算孩子已經看過那本書了，因為只有圖案就不會看著文字唸，反而會專注在圖畫上面再去觀察。通常繪本插畫家都會在每一頁的畫面上隱藏趣味點，例如《我變成一隻噴火龍》、《早起的一天》、《快樂的滋味》等等，插畫家在每一頁都有一些伏筆或文字情節沒有提到的小插曲，沒有文字可以讓孩子更專心在畫面上的探索，等故事講完了，畫面會讓孩子回味無窮，會期待自己再去翻那一本繪本，這樣就啟動了孩子主動去閱讀的習慣。

5. 事先做功課

　　一定要先反覆翻閱理解故事，掌握如何傳達故事的道理與趣味性，才能設計哪一個橋段是要鋪哏的，哪一個環節是可以讓孩子一起參與完成的。接下來便是說者本身各種角色聲音的模擬，自己要先排練模擬一次，例如《蚊子的聲音》裡面大概有十幾種的動物，每一種動物的聲音特色自己要先抓準，才不會貓頭鷹和熊的聲

照片提供：張文慧

音很像，因為都屬於低沉的聲音，每一種動物的聲音自己要先練到很熟練，才能夠配合情節轉化出各種不同角色、不同情緒的聲音，因為可能前一個角色很高亢，下一個出聲的角色卻是很悲傷，聲音的表情與動作要能夠馬上配合做變化，這樣就能在適當的時機逗孩子開心大笑或跟著角色緊張擔心。

原來說故事也可以喊「Encore！」

　　說了十幾年的故事，文慧老師特別喜歡在偏鄉說故事，感覺很不一樣，偏鄉的孩子很單純，「例如有一次說完故事，問小朋友有沒有什麼問題，就有原住民的小朋友大喊『Encore！ Encore！』、『再一個啊！再一個啊！』哈哈！原來說故事也可以和聽演唱會一樣喊

『Encore！』」通常都會的孩子可能會不好意思要求再說一個，而偏鄉的孩子很簡單，就是想再聽一個故事啊！這樣單純而直接的回饋，就像「一笑入魂」一樣的打動著文慧老師，情願再偏遠也繼續Encore下去。

與偏鄉孩子一同成長的幸福

「偏鄉說故事滿滿是與孩子同樂、同成長的幸福感！」文慧老師很享受在偏鄉說故事，偏鄉的孩子很單純，從他們的身上可以感受到最原始單純的分享、喜歡。「例如有一次故事結束後發現有一個小朋友回答了很多問題得到很多禮物，最後卻兩手空空一個禮物也沒有，原來他一得到禮物就分給旁邊的小朋友，所以旁邊的小朋友都有禮物，他自己反而沒有禮物，這樣的分享比自己擁有很多禮物還幸福快樂。」偏鄉的孩子會偷偷跟別人講答案，讓別人可以得到禮物，似乎很自然的互通有無。比起到都會區說故事，文慧老師更喜歡到偏鄉說故事（參考附表「文化處

照片提供：張文慧

的親子共讀下鄉趣」），偏鄉的孩子少了都會孩子很多的判斷，常常是單純的喜歡你，活動結束了會來靠在你身邊，黏著你問東問西的，就是很自然的一種親近感，讓人也跟著很放鬆、很喜樂。

💬 最幸福的心願 —— 期待能一直說到成為「章魚奶奶」

有感於偏鄉的說故事活動較缺乏，文慧老師總會特別挑選能具有在地化元素的故事，例如《蚊子的聲音》背景在山林原野，就如同偏鄉孩子們成長的環境，「公雞為什麼在早上啼叫？偏鄉成長的孩子更能心領神會」，希望透過這些親切地場景與角色讓想像更有情感，更有動機去看書甚至走進圖書館。此外，偏鄉許多長者可能50歲、60歲都有很多故事沒聽過，文慧老師希望自己也能有機會為這些長者說故事，「要一直說下去，一直說到『奶奶級』！成為孩子口中的『章魚奶奶』！」

照片提供：龔仁棉

「阿公ㄚ聲」的故事說到此，不難想像這位說起故事來有著排山倒海般聲浪與動感的「章魚老師」，從令人自卑的「阿公ㄚ聲」翻轉為啟動前進力量的「幸福A聲」，歷經十幾年的聲音磨練與開發，章魚老師將帶著「幸福A聲」不辭千山萬水，一鄉又一鄉，一年又一

年，說盡天底下所有可能的故事，帶著她所有能逗你笑、逗你幸福的說演熱忱，讓每一個展顏歡笑的童顏，心中醞釀更多的閱讀渴望與幸福感；讓每一次隨著故事主角的「吸」與「吐」的生命體驗，啟動調控內在慾望與外在誘惑的監控能力；讓印記在繪本中的家鄉山水林野，舒展童年的奔放；讓記憶中章魚老師的高昂與低沉，開發出更多「幸福A聲」，也許有一天這些曾經受感動而萌生力量的孩子們，也開始說起「章魚奶奶」的幸福故事，一鄉又一鄉，幸福臺灣……

● 親子共讀下鄉趣
【一】親子共讀巡迴講座 ※報名制
每場次限親子15組參加，參加任何聽完講座後借閱12本親子共讀書籍。
即可獲得閱讀禮券1份，報名請洽各鄉鎮圖書館。

日期		時間	地點	講師	選用講題
3/14	二	10:00-11:30	春日鄉立圖書館	慈惠醫專 張文慧	《親子幸福共讀趣》
3/18	六	10:00-11:30	竹田鄉立圖書館	慈惠醫專 楊政源	《愛、說，故事》
3/19	日	10:00-11:30	鹽埔鄉立圖書館	慈惠醫專 周家穎	《Find Your Neverland 親子共遊故事島》
3/25	六	09:30-11:00	萬巒鄉立圖書館	慈惠醫專 羅鳳珍	《手牽手─共讀起步走》
		10:00-11:30	車城鄉立圖書館	大仁科大 張文慧	《親子幸福共讀趣》
		15:00-16:30	恆春鎮立圖書館	大仁科大 張文慧	《親子幸福共讀趣》
3/26	日	10:00-11:30	潮州鎮立圖書館	慈惠醫專 楊政源	《愛、說，故事》
4/07	五	10:30-12:00	來義鄉立圖書館	大仁科大 張文慧	《親子幸福共讀趣》
4/08	六	10:00-11:30	萬丹鄉立圖書館	慈惠醫專 周家穎	《Find Your Neverland 親子共遊故事島》
		10:00-11:30	牡丹鄉立圖書館	大仁科大 張文慧	《親子幸福共讀趣》
4/20	四	09:00-10:30	三地門鄉立圖書館	慈惠醫專 羅鳳珍	《手牽手─共讀起步走》
4/22	六	10:00-11:30	屏東市立復興圖書館	慈惠醫專 周家穎	《Find Your Neverland 親子共讀故事島》
		10:00-11:30	新園鄉立圖書館	大仁科大 張文慧	《親子幸福共讀趣》
		10:00-11:30	南州鄉立圖書館	大仁科大 龔仁棉	《親子幸福共讀趣》
4/29	六	10:00-11:30	枋寮鄉立圖書館	大仁科大 龔仁棉	《親子幸福共讀趣》
5/06	六	10:00-11:30	內埔鄉立圖書館	慈惠醫專 楊政源	《愛、說，故事》
		10:00-11:30	琉球鄉立圖書館	大仁科大 張文慧	《親子幸福共讀趣》
5/20	六	10:00-11:30	林邊鄉立圖書館	大仁科大 龔仁棉	《親子幸福共讀趣》
		09:00-10:30	高樹鄉立圖書館	慈惠醫專 羅鳳珍	《手牽手─共讀起步走》
6/03	六	10:00-11:30	里港鄉立圖書館	慈惠醫專 周家穎	《Find Your Neverland 親子幸福故事島》
		10:00-11:30	佳冬鄉立圖書館	大仁科大 龔仁棉	《親子幸福共讀趣》
6/10	六	10:00-11:30	東港鎮立圖書館	大仁科大 張文慧	《親子幸福共讀趣》

附表：106年文化處的親子共讀下鄉趣。資料來源：屏東縣文化處網站。檢索日期：106.3.5 http://www.cultural.pthg.gov.tw/Son/Library/library01_1.aspx？ID=1466

「從前有一隻肚子裡有好多顆蛋的黑母雞。」

「黑母雞蹲下去了！」

「ㄅㄨˊ！」

「哈哈哈！放屁好大聲喔～」

致二十三歲：致偷偷長大的你
——郭育志

文／郭育志

💬 前言

　　你幸福嗎？然而幸福又該被何等定義？作爲一個二十三男孩的視野，欲想高談闊論幸福，是否也太微不足道？然而在我年輕的生命裡卻也切切實實的經歷過了許多爲了追求幸福而努力不懈的人事，你若問我幸福是什麼？我可能會說，幸福無非就是堅守自己的底線、努力完成自己想完成的事。

愛與勇氣

　　今年四月四日，我參加了日本研究所的開學典禮，這也是我頭一次唱著日本國歌、向日本國旗行禮。看著禮堂前熙熙攘攘、稚氣未脫的大一新生，我不禁回想起八年前初次踏入大仁校園的羞澀與童眞。意識到了逐漸長出道貌岸然的如今，無奈之於也常感惋惜。

　　還記得我們都曾擁有過一顆炙熱且絕對良善的眞心嗎？還記得我們都曾誓言打擊壞蛋、守護世界和平的那份愛與勇氣嗎？如今多少年過去了，我們是眞的忘了那份初衷，還是早已沒臉面對當時的那個自己？

　　前陣子，專欄作家——簡維萱，在他的臉書上發表了一篇談論他年少時期對於少女漫畫《庫洛魔法使》的一篇刊文，該文不僅開啓了許多七、八年級生對於己身童年的回憶及嚮往，也喚起了我曾用力追逐過的那份勇敢與純眞。

在我孩提時期的成長過程中，有絕大部分是少女動畫隨之相伴的，每當幼稚園放學後的第一件事，定是飛奔回家看《美少女戰士》，當時的我並不懂愛，但她卻深深地在我腦海裡種下愛的因子。

還記得水手月亮（當時譯為月光仙子）為了守護愛與和平，成為了典型的美麗超人、神力女戰士，但其實她從來不曾真正「打擊」過壞人，而是用她的彎月神杖對妖怪們執行「月光療癒進化」，甚至在水手月亮再次蛻變回希蕾妮蒂公主時，她依然為了保衛地球，選擇相信壞蛋而被奪走了生命。

「美少女戰士」看似柔情似水、好似華美而不實，但她也在不知不覺中不斷地向我們傳達著人性本該良善的內涵與本質，她教會我們「真正重要的不是天資聰穎，而是擁抱良善」、「面對挫折與失敗時，我們可以放聲哭泣但千萬別選擇放棄」、「成功的定義不在於打敗多少人，而是能夠改變且幫助到多少人」。

長大後，我們雖然不再對其景仰、崇拜，甚至逐漸淡忘了當年的月野兔（當時譯為林小兔），但她的那份純真與勇敢，以及對於愛和正義的信仰與堅韌，還是不折不扣的植入到我們生命當中，並且還蠢蠢欲動著，對嗎？（請想想那些無助、徬徨、孤單的夜晚；以及幾杯黃湯下肚後依然清醒、執著、剛毅的自己）。

對於當時才四、五歲的我而言，愛與勇氣似乎得仰賴很強大的魔法才能獲得，但現在我知道，真正的愛與勇氣象徵的是知識、良知與行動力，不論是對於社會上不公不義的批判，亦是對於各階族群權益

幸福金句：我想，幸福無非就是堅守自己的底線、努力完成自己想
完成的事。

的維護，對我來說，這些爲了捍衛民主及正義憤而走向街頭，運用有限資源強力發聲的妳們，都是我心目中的「美少女戰士」。

十七歲的夢想

　　你是爲了什麼而來到日本的呢？如果是當年那個十七歲的你一定會以自信而勇敢的眼神搭配上超有Guts的語氣說：「爲了學習時尚、爲了追尋夢想、爲了證明自己。」這些年來我讀過不少關於追尋夢想

的書籍，也訪問過幾位有夢、敢想且樂於追逐的人事，然而面對自己當年的期待及初心，我們又該抱持著怎樣的想法與釋然呢？

前些日子和一位讀者相約在名古屋車站碰頭，託他的福我才難得抽空進城一趟，繁華的街道中，我被某所隱身於高樓大廈裡的設計學院（專門學校）其展示擺設給吸引住了，這一刻明明近在咫尺卻又深感遙遠，眼前看似熟悉的一切卻也格外顯得生份。

記得大二那年，我與大仁國際志工社團同仁一同參與了泰國清邁府的服務計畫，這群孩子的祖先多是在國共內戰前後逃到泰國的，他們精通三種語言（泰文、華語、家鄉話）而這般優秀的他們卻連一張身分證都不被擁有，其中令我印象深刻的是一位叫做David的十七歲男孩，我們雖然年齡相近，但看待世界的方式卻好不一樣，他的眼神清澈、堅信世間良善、同時也嚮往著海外的一切。

David是個沉默寡言、認真向上的孩子，他不善與其他同學一同嬉鬧打鬥，總是一個人靜靜地躲在角落畫畫，也因此練得一手好字，有次我走到他身旁問：「Hi，David，你的夢想是什麼呢？而你長大後又想過著怎麼樣的生活呢？」

David說：「我想成為一名畫家、我想環遊世界、我想像哥哥一樣出國念書大開眼界。」其實我當下的心情是複雜的，一來，David連張身分證都沒有了，更何況是護照呢？二來，外面的世界雖然看似精彩卻也充斥著荊棘與無奈。

兩三年後，我收到了David的來信，上面寫著：

 幸福金句：我想，幸福無非就是堅守自己的底線、努力完成自己想完成的事。

哥哥您好，好久不見，不曉得您是否一切安好？

我雖沒能成為像您一樣長期往返於臺日間的國際人士，但我目前在曼谷的一家旅行社當起了導遊，每天接待著來自世界各國的人，每當服務到來自臺灣或日本的旅客時我便會想起您，曼谷是個充滿挑戰與新奇的城市，和我在清邁山上的家好不一樣，最後祝您聖誕節快樂，也別忘記抽空回來清邁看看我們。

David，於曼谷

還記得你十七歲時的夢想嗎？是期待十八歲的到來？是到臺北念書？是見心愛的明星一眼？是談一場轟轟烈烈的初戀抑或與暗戀已久的學長共成連理？

曾經，我也是個有夢想的人，十七歲那年望能學好日文、進入東京時尚設計學院（專門學校）就讀、成為一名優秀的造型師。六年後的今天，我雖如願來到日本求學、日文也逐漸流利了，而二十三歲的我卻因世俗眼光和大環境走向選擇進入一所主流大學攻讀碩士學位，每當和他人提起當年的夢想時，我總笑稱：「既是失色青春的惶恐，何不就讓它往事成風？」但我知道，那陣風曾是我之所以漂泊至此的理由。

還記得你十七歲時的夢想嗎？還記得你所經歷的那場盛夏與瘋狂嗎？

「小時候我們堅信夢想無價，長大後才發現原來夢想也得秤斤注兩。」

我們的節日

有些節日，本身是美好的，卻因有心人士亦宗教理念而扭曲了本質，也有些節日，本是無意義的，卻因愛與包容變得美好且值得紀念。去年聖誕節前夕，我在這所號稱全日本教師合格率最高的學府（愛知教育大學）裡，發起了一場聲援「臺灣婚姻平權」的溫柔革命。

相較於臺灣的多元開放，「日本社會」顯得墨守成規；相較於嘗試轉型的綜合型大學，「教育大學」也顯得避嫌守義，即便生處於這般保守的日本師範體系中，我仍認為教育的目的是在於看見差異、相互理解、公平對待。倘若我們連最基本的尊重多元價值都無法彰顯或實踐，那麼未來都將為人師表的我們又該以何等立場及心態去教育我們的下一代呢？

於是，我邀請到了多位支持我國落實「婚姻平權」的朋友，以他們的母語，寫下「我讀愛教大，我挺（臺灣）同婚」的語句。

 幸福金句：我想，幸福無非就是堅守自己的底線、努力完成自己想完成的事。

日本，Japan

泰國，Thailand

泰國，Thailand

中國，China

中國，China

日本，Japan

日本，Japan

日本，Japan

日本，Japan

韓國，Korea

韓國，Korea

德國，Germany

臺灣，Taiwan　　　　　臺灣，Taiwan

　　在各國留學生的合作下，我們共同製作了雙語（華語、英語）看板，誓言讓更多愛教生（愛知教育大學學生）共同參與這場正義轉型的發生。

　　之所以想在此展開這樣的活動，除了是想將臺灣社會對於多元性別平等的理念帶進日本社會外，還有一大原因便是兩年前我最好的日本朋友Satoshi向我坦承其性向的那個夜晚。

　　Satoshi來自日本東北的一座小城縣，保守程度可想而知，高中時他確定了自己的性別取向後遲遲不敢告訴任何人，直到一次意外中Satoshi媽媽發現了他與男友的通訊紀錄，媽媽聲淚俱下的同時大聲質問、斥責他，甚至打算帶他到醫院接受治療，故此，Satoshi曾一度離家出走，獨自一人遠赴東京打拼。

　　Satoshi說：「我知道像我這樣的人是不會被日本主流社會給允許的，我知道臺灣是個接受多元文化的國家，所以我也只能告訴你了，希望你別因此討厭我，希望我們還能繼續當朋友。」

 幸福金句：我想，幸福無非就是堅守自己的底線、努力完成自己想
完成的事。

我說：「親愛的，你沒有錯，錯的是順應這個主流社會的枷鎖。」

曾經有位日本學弟問過我：「學長，您為什麼會想舉辦這樣的活動、您又為何會選擇跳出來為他們發聲呢？」我記得我好像是這麼回答的。「首先，我想不到任何一個不支持的理由。再者，我認為沒有人的性別取向應該受到他人價值觀所限制，在愛之前，我們都是平等的。你真以為日本沒有非異性戀族群的存在嗎？並不是，而是他們認為自己不被主流社會允許，所以選擇隱藏自己。」

去年年底，臺灣通過了婚姻平權民法修正初審，更在今年五月判定了現行民法未保障同性婚姻的制度已違憲，其實這不只是對於我國、更是對於全亞洲在尊重多元上的一大躍進，我們期待能成為亞洲首座點亮婚姻平權的燈塔，更希望我們的努力和幸運，能照亮全亞洲追求多方平等的權利。

不論是棒球場上揮汗如雨的女子；抑或家政教室裡恬靜優雅的男子。追求幸福的本質，都不應受限於所謂的生理男女。

 幸福金句：我想，幸福無非就是堅守自己的底線、努力完成自己想完成的事。

為臺灣奮鬥的人

　　我們都曾在不同年紀愛上某一種花語。蓮花可謂孤傲與忠貞，玫瑰意欲熱烈與激情，太陽花則象徵臺灣青年的覺醒、堅毅、無所畏懼；同時也代表著年輕的力量與我們的時代。

　　前陣子，天下雜誌做了一系列的訪問專題，並為其量身訂做了一個看似樸質卻撼動人心的標題，就叫做「為臺灣奮鬥的人」。在提供我創作的線上專欄「換日線」上，就有著這麼一群透過文字紀錄血淚的年輕人，他們分散於世界各地一百多個城市裡，講著不同的語言、品嘗著不同滋味的經歷、刻畫著屬於自己的故事，而這樣的他們則有著一個共同的目標，那便是讓世界看見、了解，以及正視「臺灣」。

　　「郭先生，你畢業後會回到臺灣嗎？」這是我來到日本後除了姓名與國籍之外最常被問到的問題。隨著離家時間越久我的答案也越來越肯定，這些年來，我沒有一天是不想念家鄉的人事及景物的，而當初的我也是帶著「回到臺灣」的這份理想與初心踏上這段旅程的。課堂上，我們為捍衛自己國家和教授激烈論戰，課堂後，我們為負擔生計向顧客摧眉折腰。有人說我們是一群「為臺灣奮鬥的人」，但我們更感謝有一個國家是值得我們努力奮鬥的同時並深深眷戀著的。

　　明月究竟要有多皎潔，才能戰勝燈火的輝煌？「出了國，我們即代表臺灣，面對敏感問題時我們絕不可能悶不吭聲。」從社會科教育的改革到一杯珍珠奶茶的原物料進口，層層環節都關乎著——作為一個臺灣人的自我認同和被賦予的使命。我認為臺灣年輕人無論是在軟

硬實力亦或議題參與上，是完全不輸外國年輕人的。我們都是一群受盡臺灣恩惠與照顧的人，多虧了她，才有如今的語言能力及發展前瞻性，然而願意為她仗義執言，甚至挺身而出的人，如今又有幾許呢？

結語

　　日文的ありがたい，表感謝之意。不開門見山的彰顯，而是透過ありがとう（謝謝）和したい（想要）來表述。因受人之恩，而想回贈感恩之情的意象如此優美。即便它只是個約定成俗的詞彙。

　　在人們擲下銅板、雙手合十的那一瞬間，心裡正想著什麼呢？如果說23歲的生日是為了感謝22歲的自己，那麼我想，跨越2016年及2017年的那個夜晚，也是為了體恤在那一年中拚了命的自己吧！過去一年，我承蒙了太多人的照顧，同時也告別了太多像家一般的城市（特別是屏東和沖繩）。然而經歷了些身分上轉變和生活上的不確定性，鋌而走險的也終於算是安全著陸了。

　　來到日本最大的收穫，除了外文能力上的成長，最重要的是能夠以更多元開放的視野去看待身邊，甚至現今社會發生的種種事件。我學會用日本人的觀點回頭關心臺灣，同時對於身為臺灣國民的意識和立場也更加堅定。希望我們可以更勇敢地去闖蕩這個世界，並接受種種異文化所帶來的衝擊，在摔得遍體麟傷的同時，知識和經驗也將成為我們生命裡最美麗的點綴。

 幸福金句：我想，幸福無非就是堅守自己的底線、努力完成自己想
　　　　完成的事。

23歲的男孩，獨自提著厚重的行李，穿梭在人群間。

咖啡店裡對客人鞠躬哈腰的男孩。

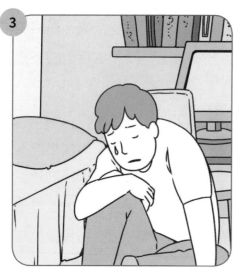

一個人的房間裡，暗自哭泣。

男孩在講臺上抬頭挺胸、西裝筆挺，與教授激烈爭辯。

生態認同創造茶文化新契機

賀家生態茶園的故事

文／賀豫菁

沉寂的農業，經由惦惦的用心耕耘轉變，突破其困境，從茶園到茶桌創造出最大的產業價值，不僅守護大地，更能充實富足心靈。

　　八卦山下平靜的埔中茶區，雖歷經大環境的變遷，但純樸的鄉村小鎮風貌並沒有太大的改變，丘陵地形的田埂上成排的檳榔樹下，一樣有著一望無際綠油油的茶園，在這裡從事農業的老農，家裡都是世代務農種茶，務農苦且收入少，聽說有外人要來買土地，已引起村民們的注意與討論，後來又聽說是位老師要自己親自耕種，這對小農村來說可是一件大新聞，於是村民們爭相走告有奇妙的事情即將發生喔。也因此第一天到茶園上工的高中退休老師，吸引了附近無數好奇農民來湊熱鬧，他們心中有著一個共同的疑問，拿筆之人如何能夠改拿鋤頭？縱然如此，他們依舊友善且熱切的給了這田地新手各種寶貴的經驗與建議，教導他如何耕種，也給予一切所知，這些都成為了滋長的養分，使外行的他有了更加堅定的毅力與信心，期許自己能為守護這片土地盡最大的努力，深信順著對大地的熱忱走下去是一種使命，以農業豐富幸福人生的下半場，一切就是如此開始。

☺ 以家鄉記憶為起點

　　選擇退而不休，以農耕詮釋自己的未來，日出而作、日落而息，生活看似悠閒。然而選擇轉行農業，對完全沒有務農經驗的賀大維老師來說，是另一種全新領域的嘗試與學習。當老師面對的是學生，只要按部就班，認真的將知識傳授給學生。但當農夫就完全不同，幾乎

要靠天吃飯，不僅要懂茶的種植技術、製作過程、產品行銷，更要面對最不可抗拒的天候因素，茶苗成長的好壞，氣候是關鍵的影響因素，於是努力耕種之餘，要對於天地有更多的敬畏，學習與大自然和平共生。

　　目前專職於茶園耕讀的賀老師，出生於南投市永興里，依附著南投這片紅色土地成長。童年時幾乎天天呼朋引伴往外跑，從早到晚，只有吃飯時間才會回家，到河裡游泳捉魚、到田裡挖蚯蚓釣青蛙、爬上大樹捉小鳥、趴在地上灌蟋蟀，在收割後的稻田裡築窯烤番薯等，是他自己安排經常要做的活動。對賀老師而言，大自然就是最好的教室也是最好的導師，童年的田園生活美好的記憶一直深藏於心中。當民國76年畢業於臺灣師範大學工教系後，他義無反顧地選擇回到故

鄉南投高中任教，彈指間三十年，在民國102年年滿50歲正式退休。除了教書我還能做什麼？決定退休前賀老師經常這樣反問自己。一直以來希望自己能夠手植有機蔬果的他，隨著年歲的增長，小時候對土地的記憶不斷地浮現，「採菊東籬下，悠然見南山」，這樣的耕讀生活才是自己真正想要的的生活。於是在一次契機下從老農手中接下這片荒廢已久的土地，也就是現在的賀家茶園，開啓一段種茶人生。

　　賀老師的父親年幼時獨自一人隨著當年國民政府來到臺灣，於南投扎根。賀老師說他的父親個性非常堅毅，再辛苦都要讓兒女受良好的教育。家中另有兄弟姊妹五人，在父親用心栽培下都順利完成高等教育，為感懷父母辛苦持家不易，以姓氏為名取為賀家茶園，同時也希望能夠以友善自然的原則回饋土地，最後確定名為「賀家生態茶園」。

💬 採自然農法經營茶園

　　松柏嶺舊稱埔中是臺灣十大名茶之一的產區，整個埔中地區茶園面積約2,500公頃，以金萱、翠玉、烏龍和四季春等品種為主要產物。在臺灣的茶業發展史上，松柏嶺有著相當重要的地位。早期所生產的茶葉，大部分以內銷為主，但由於行銷通路有限，沒有品牌知名度，無法受到消費者的青睞，導致整個茶產業發展受限。民國六〇年代，擔任行政院長任內的故總統經國先生，曾蒞臨松柏嶺巡視，給予名間鄉的茶葉極高的評價，並命名為「松柏長青茶」。

　　賀家生態茶園即位於名間鄉松柏嶺桂花森林附近，屬埔中茶區。海拔約四百公尺，地處緩坡紅土高地，走東南向，四季通風良好。土質鬆軟，排水功能佳，坐北朝南，日照充足。園中茶樹為三十年老欉，主要為金萱與翠玉兩類茶種。

　　賀老師放下教職後，天天穿梭於田埂間，在茶園有間小紅磚屋是地標也是賀老師的工作室，下田前需在這裡更衣換鞋、整理農具，工作累了也在這裡休息喝自家種的茶，無論他做什麼，只要他在紅磚屋內，茶園裡的樹蛙就會接連的跳進來，和他十分親近。 連樹蛙都知道茶園是個好地方，全家遷居在此，享受茶園的安定生活，努力繁衍下一代，讓許多來茶園的大小朋友看到這麼多樹蛙開心的驚訝尖叫。

　　為善待土地與愛護茶園的各種生物，賀老師堅持不用任何的化肥農藥，營造環保健康農法。經農業專家指導，利用落葉堆肥的方式來

改良土壤，土地中蚯蚓的大量繁殖使微生物得以滋長，使土質更加鬆軟，並富含更多的微量元素。透過草生管理，茶樹與茶樹間不除去雜草，藉以吸引各類昆蟲到此棲息，使得生態更為多樣化，進而形成穩定生物鏈。於此生態平衡的狀態下，即使不用農藥也有穩定產量，而茶葉本質也提升許多。

茶園中一部分為三十年的老茶樹，在老化的緣故中產量嚴重的逐年下降。民國105年4月重新挖土、整地，播種新茶苗，很多細節都要做到位，每個步驟都不能予以輕忽。

而為了使新苗能夠適應多變的極端氣候，耐乾旱以及疾風豪雨，特地引進以色列專利滴灌技術，除省水抗旱外，滴灌系統經由專利滴灌帶，灌溉的水呈現水滴狀，一點一點滲到地底，可達三十至四十公分深，正可以此誘導新茶樹苗根系自動找尋水源，茶樹根系向下扎根，便能有穩固本體的力量去抵擋強風，並且使茶樹有著四十至五十年的穩定產值。

除了種茶外，面對層出不窮的食安問題，賀老師特別在茶園旁開闢了一塊小菜園，種植各式各樣的蔬菜，成了蝴蝶、小鳥、昆蟲的天堂，剛開始由於沒經驗，所種的菜全被蟲及蝸牛吃光光，經過許多的嘗試及不斷地請教附近老農，才慢慢悟出一套蔬菜種植的法則，現在種的菜及玉米幾乎都沒有蟲咬，非常碩大鮮甜，而盛產的白蘿蔔多到吃不完，也學會做成有機蘿蔔乾可以長久保存慢慢食用。目前生產的蔬菜除了一家四口都愛吃外，也分送親朋好友享用，吃久了自家種的

蔬菜，吃其他的菜會很不習慣，賀老師有感而發的這樣說，他平常也讓製茶園參觀的客人親自採摘蔬菜回家，體驗農耕的樂趣。

　　賀老師剛開始種茶，許多人都不看好，但經過將近五年的努力，成了許多人羨慕的對象，由於工作有目標，退休後更有活力，茶園產的無論茶或蔬菜嘉惠家人及朋友，帶給更多人健康，更加肯定轉行是對的路。

 幸福金句：面對土地的記憶，能以執筆之手，造出盎然生機，就是幸福。

⫶⫶ 對茶葉品牌的堅持

　　訪談中賀老師提到《看見臺灣》這部影片，他說這部影片拍得很好也非常有意義，影片中臺灣是個美麗之島，由海底浮出水面時，整個島嶼大部分是由森林所構成。影片中讓我們看見臺灣高山之美，臺灣的山勢壯麗雄偉，但極端氣候下的暴雨加上地震，短短十幾年內，從影片中可看到921地震造成草嶺大走山，莫拉克風災暴雨讓大武山多處崩塌，蘇花公路逢大雨就坍方封路等重大水土流失。

　　因為臺灣海拔差異大，不同溫度的條件造就臺灣高山茶葉、蔬菜、水果口感特別好，廣受消費者喜歡，因而促使各種高山農業大量發展。影片中也揭發了臺灣山坡地超限開發問題及高山農業帶來了水土保持的隱憂及水庫水質汙染。

　　《看見臺灣》這部影片，不僅讓賀老師深受感動，更拿出實際行動，賀老師沉痛地說：「《看見臺灣》，除了看見臺灣的美麗與哀愁，也要看見如何繼續保護臺灣的力量。」因此「賀家生態茶園」雖處在名間鄉海拔只有400公尺的低海拔茶區，賀老師堅持賀家茶的「無毒、健康、好喝、環保」等四大理念，重視每個製作過程的細節都到位，從種植、施肥、灌溉、採收、烘培、包裝的過程，沒有一個步驟可以掉以輕心，友善大地、不求高產量、只求高品質，提供消費者一個兼顧消費又能環境保護的茶葉新品牌。賀家茶好喝之外，可兼顧消費者的健康，更可為臺灣高山做環保。這也是賀家生態茶園的品牌價值！

☺ 產品定位與行銷

　　賀家茶園的茶樹生長環境，年平均日照12小時又通風良好，茶青多酚含量高，透過科學化製茶技術保留最多、最好的兒茶素，可以說是有益身體健康又熱性十足的陽茶。

　　因雖處於低海拔茶區，午後日照仍然充足，有利於製作好茶，並且善用四季溫濕度變化下找出優勢的茶葉加工方式。

　　例如春季有立春、清明兩波節氣的雨水滋潤茶樹，茶青翠嫩鮮活，利於製作清甜爽口的綠茶。

　　進入夏季高溫高熱季節且日照長，茶青兒茶素含量高，可製作出高品質的小葉種紅茶，在生態豐富下茶葉受到各類昆蟲叮咬密度高，可製作出特有蜜甜香氣的蜜香紅茶。

　　時序進入秋冬日夜溫差大又常有雲霧嬝繞，茶葉生長速度慢，茶芽肥厚果膠含量高，可製作出高香氣、喉韻足的烏龍茶。所以按四季

氣候條件之不同，後製出綠茶、紅茶、烏龍茶、冬片白茶等好茶。

　　「賀家生態茶園」產品定位是調理養生茶葉。茶葉不只要好喝還可搭配消費者自己身體需求而選擇可調理身體健康的茶葉。以目前發展出養生袋茶系列最具特色。利用自家生產的綠茶、紅茶等茶葉組合出五款特色袋茶。

袋茶	蜜香紅茶 Honey Scented Black Tea	茶湯艷紅．香氣濃郁 入喉甘甜而不澀
袋茶	薑母紅茶 Black Tea with Ginger	茶湯溫潤．甘甜 行氣補身 促進代謝
袋茶	佳葉龍茶 GABA Tea	茶湯醇厚．富含ㄑ胺基丁酸 舒緩身心 助眠安神
袋茶	苦丁綠茶 Kuding Green Tea	茶湯金黃．微苦回甘 清熱消暑 降火氣
袋茶	龍眼花紅茶 Black Tea with Flos Longan	茶湯清甜．龍眼蜜香 富含花青素 抗氧化

　　尤其薑母紅茶深具名間鄉在地特色，紅茶與薑母都是名間鄉特色農產品。為能達到安全無毒的要求，賀老師在自家茶園旁空地種植生薑，採用自然農法不用農藥化肥，種植長達一年的老薑品質佳，搭配賀家茶園的蜜香紅茶而成的養生聖品薑母紅茶，並通過四〇五項藥檢零檢出，並被當地仕紳推薦參加名間鄉公所舉辦「名間十大伴手禮」選拔，最後入選並獲頒2016年名間鄉十大伴手禮之殊榮。

💬 隱然累積的文化力

賀家生態茶園是結合了生態體驗與休閒觀光的茶園，透過團進團出深度導覽，讓消費者親自走訪生態茶園，體驗自然生態之美及茶葉生長環境。消費者可以聞到、喝到、看到、更可以感受到生產者對茶葉品質及對環境保護用心與堅持！

種出好茶固然重要，茶道文化更是應該要推廣的重點，從選擇茶具，插花布置茶席、打水、煮水、備茶、奉茶於他人，就是一場令人激賞的藝術活動，也是生活美學內涵的整體呈現。

賀老師回憶第一次茶葉收成時，來茶園的朋友坐在有藍天白雲的綠地上喝茶，視野非常寬廣，有天地為伴，一起體驗戶外喝茶的樂趣，別有一番風味，獲得許多讚賞。但遇到下雨天或大太陽天，戶外喝茶就不適合。

為使更多人可以坐下來好好喝杯茶，從沏煮茶水，等待水滾，看

 幸福金句：面對土地的記憶，能以執筆之手，造出盎然生機，就是幸福。

著揉輾過風乾的茶葉浸泡在熱水中慢慢展開，耐心等待茶葉全部舒張開來釋放出好茶湯。先觀察茶色後聞其香再小口喝下，讓茶湯淌過喉嚨，於齒間留下香味，享受泡茶的玄妙過程。

　　因此除了茶園實際生態體驗外，賀老師另於茶園附近找房子，設立「賀家生態茶園茶坊」，提供消費者一個人文典雅悠閒的喝茶空間，完全不受天候影響，可以慢慢啜飲、細細品茶，浮躁的心可以因此沉澱下來。

　　身為老師的特質，賀老師在十幾年前就在自己的南投社區推動免費兒童讀經班，親自教導小朋友讀四書五經，讀經可以讓小朋友潛移默化、可以有專注力，深獲家長的肯定與認同，於是左鄰右舍都把小朋友送來讀經。有了茶坊後，賀老師也邀請讀經班的小朋友及家長來喝茶，在喝茶的過程中發現小朋友仔細傾聽，安靜觀看，恭敬的雙手接下茶杯到默默喝下茶湯，令人讚嘆全程小朋友如此的安靜，最後每個小朋友露出開心的笑容說：「我也要回家泡茶給爸爸媽媽喝。」

　　目前經由親朋好友的推薦，賀老師已陸續接獲國外的小額訂貨，為了服務更多客群，同時也成立賀家生態茶園專屬品牌網站，電子商務時代已無國界，透過電子商務交易與國際接軌，試著將臺灣好茶行

銷國際。

與在地社區聯結

　　賀家生態茶園致力於環境保護教育，結合了名間鄉內國中小學校外參訪，提供了一個生態保育復育環境，由賀老師親自示範解說，讓參訪師生驚呼茶園生態的多樣化，茶園到處生機無限，學生們看見平時不常見的樹蛙、蜻蜓、螳螂、天牛、螢火蟲等多樣物種、讓我們的下一代孩子了解環境保護的重要，更重要的是知道原來不用農藥化肥也可以有穩定的茶葉收成，恢復自然生機下也可創造農業新產值。

　　賀家生態茶園也結合環境資源教育，透過與社區學校合作，在校園綠美化、樹木林立的學校內設置落葉回收坑，學生掃地時將落葉回收堆置，經長達半年發酵變成富含有機質、微量元素的落葉堆肥，再裝袋出售，是種花草最好的培養土。賀家茶園定期與合作學校購置落葉堆肥用來改良茶園土壤，種出的茶葉，富含微量元素，茶湯回甘。如此學校垃圾可減量，也減少一筆為數不小的清運費，更增加了校務收入，可以說是創造三贏的局面！

💬 築夢打造新茶園

「賀家生態茶園」致力於環境保護是不變的初衷。讓更多的人了解環境保護的重要，透過個人消費也可以做環保。未來有更多的人因了解而能加入這綠色農業，讓精緻農業可以永續發展。

「賀家生態茶園」地處於名間鄉大車路村里，附近約有幾十公頃農地緊鄰，土地獨立方圍有約100公尺行水區的天然綠籬可當天然屏障的難得條件，實有潛力能成爲自然生態園區，其群聚效應將可帶動地方觀光休閒的深度之旅，未來將會是名間鄉農業區域經濟的新亮點。目前茶園旁已有四塊土地也認同賀老師自然農法的耕種模式，也改採生態方式經營茶園，透過點線面的串聯，在賀老師與周邊農友共好的理念推動下，期許埔中大車路有機生態茶園區成爲名間鄉特色農業示範區！

1 深信順著對大地的熱忱走下去是一種使命，以農業豐富幸福人生的下半場。

2 一望無際的茶園，天天有樹蛙陪伴，穿梭茶園努力耕作，期待豐收。

3 不求高產量、只求高品質「無毒、健康、好喝、環保」的好茶，獲「名間鄉十大伴手禮」殊榮。

4 品茗的過程就是一場令人激賞的藝術活動，也是生活美學內涵的整體呈現。

弱者的堅強——林省景

文／李虹叡

⏣ 貧苦的讀書種籽

屏東，臺灣的國境之南；眾多的偏鄉之中，鹽埔鄉更是各種資源相對欠缺的落後地方。民國16年（日治時期昭和3年），林省景出生在屏東郡鹽埔庄的小村子。父親林石連，耕農為生，種甘蔗、地瓜、稻米，有沒有飯吃，都要看老天爺的臉色。林家種田，除了欠水，也欠肥料與農藥，所以收成不是很理想。林石連生了七個女兒，一直想要拚個兒子，排行第九的林省景，緊接在排行第八的大哥之後出生，終於讓父親滿了心願。

重男輕女的年代，父親坦白告訴家中九個孩子：「咱們這種看天吃飯的農家，要讀書，很艱難。但是老爸拚死拚活，也要栽培兩個兒子讀書。至於女兒，油麻菜籽，看自己的造化了。」林省景說，鄉下女孩的命很韌，七個姐姐不怨天不尤人，自己打拼自己的人生，對於父母，該敬的禮數沒有少，對於兩個幼弟，仍是照顧有加，沒有因為父母資源的不公平而有所憤懟。

林省景八歲進入鹽埔公學校讀書，沒有鞋子的年代，一條布巾包了書，綁在褲頭上，中午的地瓜簽便當，省景也是滿懷感恩的吃，知道家裡沒有書讀的姊姊，連地瓜簽飯都吃不上。五年級的時候，第二次

喜歡讀書的林省景

世界大戰爆發，省景上學途中，常有飛機來轟炸，來回六公里的上學之路，省景總是躲進路旁的甘蔗田中爬行，瘦小的他不害怕死亡，但對於生命危脆，卻感到巨大的悲傷。也是這一年，他開始思考生命，而母親也就在這一年，因戰爭而離世。

戰火中，日子繼續過下去。

「優良」，是省景成績單上每一科成績的評語；進入鹽埔高等學校之後，日本校長森年先生很疼愛他，時常讓他幫忙送學校公文到屏東郡教育廳，從鹽埔騎腳踏車到屏東郡，路上都是碎石小路，來回奔波之後，體力是極大的耗損。此時，全臺灣的棒球風氣正夯，加入「野球隊」是所有男孩的夢想。省景向來得到師長疼愛，即使身形弱小，不是打球的料子，還是被球隊的佐藤教練叫去加入球隊。一邊讀書一邊練球，還要送公文，省景知道自己不是打球的料，但卻是老師眼中可以栽培的「讀書種籽」。即使現在九十歲了，省景還是會想起當年的久和老師，用慈愛的眼睛，看著省景與其他孩子讀書。

十九歲的孤兒

鹽埔公學校畢業之後，同學們很快就有工作，省景卻病了。體弱無力，不能行走，看了許多醫生，都找不到原因；父親有點心急，到處採草藥，熬成湯汁就灌給他喝。此時省景19歲，阿哥已娶妻，七個姐姐也陸續出嫁，父親辛苦一輩子，大概覺得此生責任已盡，也突然就撒手人寰了。那時父母走了，林省景感覺很心酸，也想過莫非是

幸福金句：要堅強要勇敢，天無絕人之路。任何痛苦，不能成為人生脆弱的理由。

天注定？只敢恨命不敢怨天的林省景，雖然覺得自己是孤兒，但是，19歲的男子漢，沒有人可以理解這份孤兒的辛酸。

孤伶、無助，是省景心中眞實而強烈的感覺，但卻無法與他的性別、年齡畫上等號。村庄人看他，也都覺得他可以更勇敢一點，更堅強一點。林省景也只得告訴自己，要堅強、要勇敢，天無絕人之路，俗語說的「一枝草，一點露」，失怙失恃的痛苦，不能成爲人生脆弱的理由。有一天，省景打扮整齊，出門去找了個從唐山過海來的裁縫師傅，說要拜他爲師，學做臺灣衫。裁縫師傅打量他好一會，問他：「身體可以否？」省景穩定的眼睛看著唐山師傅，很穩重點個頭，說：「可以。」於是，開啓了裁縫學徒的生活。

學徒的生活很辛苦，林省景想著未來可以自己養活自己，不要依靠別人，對於艱苦的學徒生活，倒也感到心滿意足。兩年的學徒生涯，省景天天早晨刷牙洗臉的時候，看著鏡子，對自己說：「你要堅強！」沒有依靠的林省景，自己扮演自己生命的訓練師，他跟自己說：「你沒有父親，你沒有母親，你沒有強壯的身體，你沒有錢。你什麼都沒有，你只有堅強。」

省景本來就是聰敏靈巧的人，許多複雜的技術，省景看一眼就會；兩年後，省景另外找了一個新庄本地的師傅，盡心學功夫，也善盡學徒之責。學成後，省景得到師傅允准，自立門戶，開始了裁縫事業。當年沒有「成衣」，客人自行攜布來店，讓省景量身製衣；省景巧手慧心，什麼樣的布料裁成什麼形式，省景自有一番設計，又能觀

人氣質神色，各種衣料相互裁配之間，製出來的衣服真是好看。

　　庄民之間開始口耳相傳，那個孤兒裁縫師，「手路仔」神奇的好。當時的臺灣社會，工商業都正在蓬勃發展，女孩出嫁的嫁妝，能夠添上一臺裁縫車的人，越來越多，也開始有許多人上門學功夫，拜手藝，林省景乾脆開班收學徒，開始事業的第二春。

苦戀春日之蓮

　　林省景的裁縫班，收了十多個女學徒，各個都是很美麗的小姐，但是省景心中保持著一些警覺跟害怕。其中一個女孩，叫做方春蓮，對省景有說有笑，感情很好，省景也警告自己不要想太多：「人家怎麼會看得起我呢？我是什麼都沒有的。無人財，又是破鑼一個羅漢腳，『本分點吧！』」春蓮是一位純情的小女生，常常不經意就浮上省景的心頭，兩人情意越來越濃厚密切。後來，春蓮的爸爸知道了，很生氣，省景找了媒人去說媒，春蓮爸爸放下狠話：「我這女兒，剁了餵給母豬吃，也不嫁給你做老婆。」村里人議論紛紛，都說那個少年裁縫師，畫了符、放了迷藥給方春蓮吃，要逼春蓮嫁給他。

　　春蓮父親的幾個叔伯兄弟，家裡是開「拳頭館的」（武術館），特地找到林省景家，打算就這樣「解決掉」，幸好其中一個叔叔，開打前先讓省景「交代幾句話」，這幾句交代的話，讓省景有機會表達這一段苦戀的始末，叔叔聽完，沒說什麼就走了。

　　這一段感情，著實讓林省景很嘆氣 —— 女方想要體面的親家，

幸福金句：要堅強要勇敢，天無絕人之路。任何痛苦，不能成為人生脆弱的理由。

67

林省景卻什麼都沒有，只有「堅強」。此時阿哥也跟省景說：「你別娶老婆了，我兒子過繼一個給你吧！」省景更惱了，想娶春蓮為妻，是真心喜歡這個女孩，不是為了生一個兒子將來養老。堅強的林省景，打算什麼都不要了，連「堅強」都不要了。那一天，他把店面收一收，告訴學徒明天不用來了，明天停工一天；春蓮問他怎麼了，他說：「不做衣服了，要去跳愛河。」還問春蓮去不去，春蓮說：「好啊！」

於是第二天，兩人穿的漂漂亮亮，早早出門，轉搭了幾班公車，來到高雄愛河。春日爛漫，春蓮笑得很美，省景想：「怎麼捨得讓這樣的青春沉沒水中？……算了吧！今天玩一玩，嚇一嚇長輩就好了。」

那一天，兩人玩到很晚，還沒回到屏東鹽埔；回來後各自歸家，夜深之中倒也各自無事。省景後來聽說，那天春蓮家幾番派人來找春蓮，是真的急了，春蓮的表姊鄭丹也從中幾番說情，勸春蓮爸爸就大發慈悲，成全了這一對小兒女吧。

夜遊不歸的事，真惹惱了岳父；春蓮爸爸發話了：「五千塊錢這個女孩子賣給你，不用婚嫁不用轎子扛，衣服包包，帶走去。」林省景不敢草率，找了媒人送禮去，請了三輪車，來到方家接春蓮……那一天，是農曆除夕，省景家裡擺了酒席，算是過節，也是娶妻。

跟春蓮在一起，很快樂；省景常常騎著腳踏車，帶春蓮去屏東逛夜市、看商展、買東西、吃點心。省景想，這是姻緣天注定吧！前世

的因緣，今生收來，這開朗潔淨，健全清秀的小女子，願意放棄父母給予的一切，用這樣簡單的方式嫁來林家，養育了二男二女，成全了林家傳宗接代的責任，是省景生命中最難忘也最難報答的恩惠。

💬 柴米油鹽　歲月靜好

　　岳父家距離省景五十公尺，相互見面的機會很多，省景總是招呼岳父母或岳家的人來家裡坐坐。春蓮小省景十二歲，個性大方開朗，遇上不順心的事情，鬧鬧脾氣，嬌嗔幾回，也就好了；省景知道娶到春蓮不容易，小心翼翼守護著嬌妻。

　　兩個兒子兩個女兒陸續誕生，省景追想這一段生活：夫妻兩人同心協力，拚死拚活把日子過下去，春蓮一點怨言都沒有。為了兒女家庭，春蓮的一生，就像是溪水流入大海，付出所有，全無所求……

　　此時，省景的大哥說了，兄弟倆各自開枝散葉，也該分家了。於是家產分三份，一份阿哥、一份省景、一份阿哥的兒子，眾人無議，省景也無議。

　　拿到了田產，省景更忙了，除了製衣服，也種田。種甘蔗、種稻子，省景體力不好，只得想一些取巧的方法：把田裡的水堵起來，讓水深滲土中，再把土翻攪，

柴米油鹽 歲月靜好

幸福金句：要堅強要勇敢，天無絕人之路。任何痛苦，不能成為人生脆弱的理由。

讓土滋潤些。種田這事，實在不是省景的長項，如此種出來的稻子固然滋潤，雜草也相當蓬勃發展，拔草需要人力，體弱的省景實在招架不住。別人一分地種出一千多斤的米，他的收成只有三百多斤，省景嘆口氣，想想還是製作衣服有勝算，腦子裡的創意加上手藝，那才是他真心想要創作的事業。

省景的家，蓬勃發展，三個內孫三個外孫陸續報到……接下來的十多個曾孫，省景已經有點數不清楚了。民國94年，春蓮肚子不舒服，去看醫生。醫生發現有感染現象，立刻安排住院，接下來醫生說引發敗血症，三天，春蓮就往生了。

沉浸在失去愛妻的悲痛中，林省景每天都聽見家人朋友跟他說：「要堅強。」省景也每天對著鏡子，對著駝背而蒼老的自己喊：「你要堅強。」喊完之後，就待在家中，堅強的吃飯，堅強的睡覺，堅強的呼吸，但是不跟人說話，不跟人來往，也不肯出門去看一看。

阿公來打森巴鼓

那一段日子，像一本書，一本空白的書，雖然像樣，卻沒有任何的文字符碼。當時鹽埔鄉生活文化促進會的林雨君老師聽說了林省景，特地來到省景家中，鼓勵他來社區關懷據點上課，學打鼓。省景覺得煩，客客氣氣把雨君給請出門；過幾天，雨君又來了，拜託他去打「森巴鼓」，雨君說：「拜託啦！嘸人！」省景笑笑，又把雨君請出門。

這一天，省景看著鏡裡的自己，發現駝背更嚴重了。他仔細端詳鏡中的自己，跟自己說：「你有兒有女有孫，有田有地有朋友，你什麼都有，只是沒有老婆，所以，你要堅強。」於是，就像十九歲那一天，他自己出門找唐山師傅學製衣一樣，林省景這天穿了好衣服，走路到新圍國小去找鄭國卿校長，問校長：「有沒有什麼課程，適合給我這種老頭子來上課？」校長說有，帶著他來到新圍國小的樂齡學習中心，林雨君老師正好帶著一群阿公阿嬤在上課，看見林省景，高興的大呼小叫：「缺你啦，就是缺你啦！少了你，這支鼓隊弄不起來啦！」

省景開始出門了，這一出門不得了，每一個活動都缺他不可；社區關懷據點需要他來打鼓，樂齡中心的藝術課程需要他來製作繪本，黃金志工服務課程需要他去小學講故事給孩子們聽……幾個好朋友郭幸美、林秀娥、王漏得、陳水吉，每天打電話找他，省景的生活應接不暇，忙得不得了。

後來，林省景報名就讀大仁科技大學的樂齡大學，生活更忙碌了。每周六個小時的課程，筆記本資料抄寫得滿滿的；上課時候他坐在教室前面的正中央，兩眼瞪得大大的，聽老師講課。當年勸春蓮爸爸成全小倆口婚事的鄭丹大姊，也是班上的同班同學；課程很豐富，有高齡化的銀髮族生理心理課程，有學校的特色課程，有生活新知還有文化專題，還有他最喜歡的手藝課程，可以活化腦部及人際關係，避免老人痴呆症的。

 幸福金句：要堅強要勇敢，天無絕人之路。任何痛苦，不能成為人生脆弱的理由。

省景年長駝背，求學態度又令人感動，班上同學及老師對他都很敬重；校慶時候的大隊接力，省景跑最後一棒，大仁科技大學的黃國慶董事長及王駿發校長，還有樂齡朋友們，都跟著陪跑壓軸。畢業典禮的時候，樂齡全班同學上臺請校長撥穗，省景還代表全班同學受證。流金歲月般的銀髮生活，省景似乎覺得自己的生活越來越精彩；在忙碌的行程中，「你要堅強！」這句話，似乎很久沒有聽到了。

堅強，向前跑。

大仁科技大學的校慶運動會，樂齡大學也報名參加接力。

這一群青春無敵的銀髮長輩，是校園中一片最美的風景。

人生一定要往前跑，有沒有第一名，沒關係。

生命是一場值得歡慶的豐收。

純釀的歲月韻味 —— 蕭美玉

文／邱春美

在屏東一所大學校園的公關室，有一位蕭美玉老師，她有獨特的品味，漫遊各國錘鍊出慧眼獨具的鑑賞力，也和同好一起打造了幸福玫瑰園，種玫瑰樹、剪玫瑰花、看玫瑰書、品玫瑰茶，你想了解箇中韻味嗎？

💬 玫瑰之戀談起

1. 典藏玫瑰物品

推門進入蕭老師的辦公室，問候之餘，眼前她端上的水杯是有玫瑰圖案的杯組，她桌上也有用蝶谷巴特製成的玫瑰書盒、玫瑰紋飾的L型夾，書櫃內也有玫瑰袖珍鞋、玫瑰圖鑑、roses圖書，私人物件如記事本、Line貼圖、綽號等都有玫瑰（rose）的身影，她長子結婚宴客的喜帖，也親自設計有玫瑰的請柬，身上也喜用玫瑰香的沐浴乳、乳液、按摩精油等，可見二十餘年來對玫瑰之愛戀已到痴迷境地，訪談所知，她已打造夢想窗外就能見到玫瑰的溫馨農莊，置身其中宛如擁抱滿懷的幸福。

  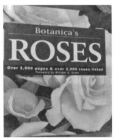 

　　被問及何時起喜歡玫瑰？蕭老師已經淡忘了，只知道特別喜歡英國的玫瑰，她隨手翻閱英國、澳洲、日本買回許多相關玫瑰圖物，神采奕奕地介紹對白色、粉紅色的偏好，言談中可知她在豔麗、嬌美的玫瑰外型中，她特別喜歡的是這種淡雅色澤。

2. 親友贈送玫瑰物件

　　因為有此癖好，親友們到各地旅遊所見，也會想起她喜歡玫瑰，會送他這類伴手禮，相關玫瑰的物件、書卡等，她表示：「別人知道有此收藏喜好，會幫我尋找適合的玫瑰小物送我，我看到此物也會回憶起這是誰在哪裡買回來的，這也是一種感情關係的連結。」看著她

 幸福金句：歲月淘洗而能自覺與培福，必能綻放玫瑰般的風采。

拿起這個杯子細數是曾老師從捷克買回來的，那一包rose香菸盒是老二去韓國買回的，如此眞有趣，相關玫瑰收藏品就越來越多了，喜好的辨識度也不斷清晰與提升。

3.幸福玫瑰園

　　蕭老師後來爲了幫幸福玫瑰園選擇藤架，她翻閱各類雜誌，也到花蓮、臺東等地觀看後訂做，爲了玫瑰樹長得好、又有觀景效果，還遍尋相關景觀設計書，到各地參訪後，特別訂製了可行走的步道藤架，希望悉心照料後能讓師生在此行走賞花、品花，甚至未來喝玫瑰花茶，讓玫瑰攀爬，拿起鐵剪、捲起袖子、穿上袖套、頭戴帽子全副

武裝地去照料，例如會用鉛線將玫瑰花枝蔓攀爬固定在這個藤架上，變身為一個快樂的志工，在屏東的大熱天仍然如此，是幸福的大傻瓜。

　　據悉前兩年大概固定一個禮拜就去剪玫瑰，雖然天氣炎熱，玫瑰又多刺，但她表示：「只要防備做好就是一種享受，因為有時可以抬頭仰看天空，可以聞到玫瑰的清香，將凋謝枯萎的玫瑰剪下後，可以期待下次發芽，就會有新的玫瑰可看。」後來在校園裡和同仁打造一座幸福玫瑰園，因為數量還不多，大概一個月修剪一次，剪下後之玫瑰「化作春泥更護花」，她的心田在此空間頗能悠遊自在。同仁曾老師也表示「進到此園地，都會感到很舒服」。

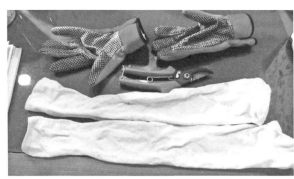

　　對於玫瑰的形狀、顏色、味道等暢談起來，她偏向淡雅風味，欣賞此物最幸福，愛屋及烏心理，忙碌興趣的相關事物是不會感到累的，可見：「剪玫日高掛，汗滴枝下甜，昂首藍天闊，朵朵沁香田。」

💬 蒐集喜鶴

1. 成雙成對

她平日看商業週刊、天下雜誌等，也會將喜歡的語句寫下來，深化成為自己的理念，她隨意翻閱她其中一本筆記本，有專有名詞如「思科」、「減法思考」；欣賞的意境標語如「鶴立雞群」，剛好有她喜歡的鶴，所以看她筆記是寫著「學會離開雞群，做一隻真正的鶴，別當雞群裡的鶴」，這就是她另一面外顯性格的流露。

她也喜歡收藏雙鶴，她欣賞鶴的特性，飽食後，即引吭高歌、翩翩起舞，姿態優美，悠然自在。一般造型都是成雙成對地呈現，仰頭的是公鶴，那彎曲而低頭的是母鶴，在公共場合這樣的情境而言，她喜歡昂首的公鶴表現樣態。

2. 奮發昂揚

據悉她國小就年年被選為班長，是一位領導型的人物，做事很認真嚴謹，後來的護理職場上也是需要此種態度，「來到祕書室的公關，擺脫了這樣的束縛，完全跳脫出來而海闊天空，能進行新聞媒體的多元發展」她笑的說。目前社會需要跨領域的人才，她欣賞一針見血、簡潔有力的表達，不喜歡重複繞一問題而無法聚焦到核心，她希望在公共場合多參與觀察，讓自己可以成為一隻「一鳴驚人」的鶴。

綜上可知，寰宇綜攬新風物，收放自如品第高，昂揚心中繁華情，神奇共鳴展姿顏。

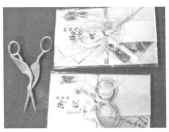

☺ 學校與家庭教育薰陶

1. 禮儀修為的養成

　　蕭老師回想起媽媽曾說過：在她讀幼稚園時（臺南市立第二幼稚園），曾經因為老師在新生活動中問：「哪個小朋友有意願當老師的助手？可以幫忙老師的舉手。誰？」在一堆舉手小朋友中，她也有舉手，但是她沒有被選到，所以她那天回去後，就很難過地跟媽媽說此事，「我也有舉手，為什麼沒有點到我？我不想去幼稚園讀了。」媽媽知道以後，隔天就帶她去找老師談，知道她有這樣的一個挫折，老師也願意協助，就讓她可以在學校幫忙，後來也發現她上得很快樂，

很樂意協助之外，又都能把事情做得很好，老師也都很歡喜獲得這麼有能力的助手，可見她的個性就如此好學、樂意助人，是班上的好幫手，總能把事情做得妥善讓人稱讚。所以一路以來，老師們的評語，幾乎都是讚美她身為班上的小老師，頗受老師們疼愛。因為她能主動分擔老師的很多事情，老師還沒來教室前，她也會在黑板上公布一些事情，教室的整潔秩序維護等都管理得很好。

平常她上課非常認真，數學非常好，她覺得初中數學老師影響她很大，讓她很有興趣，她總是會認真聽講，以致老師們的眼光都會朝向她，她覺得上課認真比下課後複習更重要，所以隨興聊到有得過獎嗎？她表示「有得過市長獎」。

讀臺南女中時，班上整潔秩序幾乎都是第一名，她能讓同學們一起分工合作，服從她的管理，回想起來高中校長說：「南女的學生功課不用我們擔心，但是需要培養她們的修為、韻味、禮儀。」所以會透過週會的主題來教導她們。例如讓她們學習在日式建築地板上培養好的修為，走路輕聲、地板要跪著擦，又如坐計程車時，屁股要先坐進去，雙腿再進去，下車出來也雷同，這些禮儀與動作就如此一點一滴的培養，她侃侃而談，印象深刻地回憶到：「那時候的校長教我們要如何走路、如何上下腳踏車、怎麼牽、怎麼走，因為每人每天到校時間不同，車放的位置也沒有固定，那要如何才不會凌亂？先來的人要放在哪邊？就要建立規則，這些動作影響很大。」

曾和一位素未謀面的校外老師談話後，她竟然被問到：「妳是

臺南女中畢業的吧？」她訝異之餘，對方表示「因爲我也是臺南女中畢業的，從妳剛才的談吐舉止看得出來。」經此一提點，她回顧在臺南女中就讀時，校長有特別訓練要求她們，所以她走路是安靜的，因爲當時是使用日式教室，走路若大聲的話，會影響下面教室上課，木板會嘎嘎作響，所以讓她養成輕盈走路的好姿態，如此不會拖著腳走路，至今鞋子也就不容易磨損；甚至那時候是木頭的抽屜，她要求班上同學都要打掃乾淨，在整潔衛生方面，七八節下課後，雖然另有幹部在場，但是她當班長以身作則，還是會督導到最後，確認整潔秩序等都妥善完好。當然，在家裡也都用心維持乾淨，讓老師、父母都很放心，她引以爲傲地表示：「我們教室班級牌下面都有得獎掛牌，讓班上同學辛苦有代價，也獲得榮譽感。」這些培養她具有組織和管理的思考，讓她學習如何帶領一個班級，每年班級的同學都會有所異動，但每回她都被推選爲班長，因爲在她領導下會很累，但都達到最好的績效，所以同學願意和她一起奮鬥。可見她當時就已經養成做事有條理，受師生肯定的小（與「蕭」諧音）老師了。凡此她都很感恩師長的培訓，無形中深受此學風影響。

當時功課雖然吃重，仍要學生參加社團，她在臺南女中參加的社團有插花社、烹飪社，可見她對花卉或玫瑰已種下了一個因緣，潛移默化的學習下已和藝文結緣了，體育課也有土風舞、游泳等，她回憶當時在大禮堂練習跳土風舞非常有趣，同學又都在家中穿好泳衣，到校3、4節游泳課後，午餐都請值日生將便當抬到泳池畔用餐，把握

時間練習而不午休，她很喜歡這種均衡的課程設計，可以讓生活多彩多姿，而且能有多元興趣發展。

　　她的數學非常好，這就是一種推理邏輯的訓練，當時她父親覺得女孩子不適合選讀數理科學，便選讀護理。後來在美國學習醫護管理，也是行政方面的能力培養。以前在美國就學時，同學都還要借她的筆記來看重點。她覺得出國進修也是一種組織和管理的思考學習，更接受到各國文化的衝擊，影響她頗為深遠。

　　生活教養、家庭教育呢？她表示：「原生家庭中的孩子是三女二男，我排行老二，媽媽的影響也很大，這都是靠時間慢慢養成的，例如擦地板、煮菜及整理居家空間，所以後來自己雖然育有兩個男孩，也教導他們要分攤家務，從小在家吃飯後小孩也幫忙收拾、洗碗，孩子長大至美國求學，他們的生活都能料理的得心順手。」

　　她生長在藝文氣息濃厚的臺南，類似日本京都的古都，自幼在耳濡目染的氛圍下孕育藝文的氣質，自然比較喜歡古典的東西，臺南常辦音樂會、藝文展覽，例如億載金城、奇美博物館常舉辦音樂會，據說邀請知名音樂家來時，國際門票雖昂貴，竟然常常一票難求，在此濃濃的藝文環境也累積品味轉而深厚。

2. 規劃能力之展現

　　她先前在職校擔任教導主任（教務訓導併在一起），此得力於她從小當班長，一路以來的磨練訓練，據悉她小學時還擔任全校作文、

演講比賽選手，因為是校際比賽，所以在全校朝會時要對全校做演講練習，有這些的能力與訓練，造就她在國小、國中、高中、大學都被選為班代，她覺得她就是個性比較執著，旁觀者看得出來，正因為她有此能力才會有所堅持，就因為她知道如何帶領班級，建立制度與法規來約束同學建立秩序，雖然此種做法會約束同學們，仍受同學支持與肯定，凡此奠基了她往後職場的表現。

在閱讀、學習、職場等面向，可驗證她在生活教養、學校教育等方面的努力，已經扎下了厚實的基礎。

這樣的一個品味投射到自己小孩的婚禮上，兒媳在內蒙古舉行婚禮時，頗費心地找到一家著名縫製的師傅才訂製男女禮服，婚後，她向小孩表示「若收放在衣櫃的話，無人分享，建議放在圖書館典藏展示供大家欣賞」，小孩允諾了，她細心查閱書籍外，曾到芝加哥博物館參觀特展，她拍下如何展示衣服才會立體的方式，正面、側面等仔細端詳，連帽子如何掛上也有特色技法，文字解說如何搭配來展示都是一門學問。她甚至籌劃了學校圖書館內三樓的許伯夷珍珠館，她喜歡白色的珍珠，巧與許伯夷文創大師有緣，目前收藏伯夷大師的文創珍珠作品，據悉珍珠就是代表幸福，所以她的長媳也曾幫她將珍珠縫成tajen字樣，縫在幸福小書包上面。

學校圖書館的規劃，她在此空間也有所發揮，投入很多的心血，幾乎走遍了各大學圖書館，但她比較喜歡典雅的風格，覺得可以百看不厭，比較有質感，她喜歡直條文的樣式，所以桌椅有此穩重風格，

另考量屏東炎熱，桌面採玻璃涼爽，又選用淺綠色桌墊較有護眼效果，這些都是經過周密思考的結果。目前正規劃數位校史館，將配合幸福大學特色，目前館內五樓有幸福書房、七樓是幸福禪坊，處處都可聞到她獨特的品味與鑑賞素養。

3. 收放自如的多重人格特質

　　她因為工作環境，同時在職場要扮演兩種以上的個性，她認為一直沉穩內向就會太孤獨，若一直外顯就會抓不住外放的心，這種多重角色扮演似乎衝突矛盾，但她已經鍛鍊而形塑出收放自如的心境。

　　成長環境與閱歷豐富影響下，獨處的時候，她很能享受這種寧靜，宛如英國玫瑰般繁複的花瓣，層層疊疊地隱藏包覆著自己，在多重花瓣捲曲之內，可感受到她內斂的氣質，不易被人看透，談及玫瑰相關事務，她的眼神是綻放著玫瑰般的光芒。

　　她也有外放的個性，公關室需要煥發出她亮麗的形象，很有主見，不輕易受人影響，也能堅持自己的想法，不同場合與職場就能扮演不同角色，這樣能扮演好又不失本心，是新時代女性典範。

　　話說「字如其人」，其實「物也如其人」，因為從收藏的物件與偏好，可以投射反映出主人的性格，據悉她在學校公關室扮演此角色時，是外放的、顯性的，禮拜一到禮拜五在職場上所扮演的就好像是「鶴」的角色，自然昂首向上與向外；另一面，職場後或禮拜六日獨處的時間，她就好像是「玫瑰」一般，是內斂的。所以收放自如，調

整自在，無論是一人與「超我」獨處，或要在群眾中表現「自我」，都能很享受這樣的美好時光，這是幸福的人生，頗能運用生活智慧優游自得，更企盼傳遞幸福給人群，和她一起分享此番韻味。

各國旅遊

1. 擁抱世界

　　她和家人常出國旅遊，被問及有多頻繁呢？她表示：「我在小孩三歲起就帶出國旅遊了，春節、寒、暑假都會出國，本身也在美國住過一年。」她育有二子，連同先生成為她生命中的三個男人，在多次的旅遊中拓展視野、吸收各種藝文資訊後，自然影響她對於藝術的鑑賞識別度，無形中陶塑藝文氣息，她喜歡歐美的文化，例如加拿大溫哥華的Butchart Gardens有玫瑰園，她喜歡這些藝術的氛圍，回想起來主要是出國這麼多年所造就出來的，自然就欣賞這些多元的風情。

　　她期望可以在臺灣也營造玫瑰花玻璃屋，徜徉在其中喝下午茶，慢慢的品味漂亮的事物，可見遍遊各地與廣納資訊後，她是一點一滴的累積內化。

　　原本護理職場出身的她，主要從事護理教育多年，也擔任過護理系主任，雖非臨床護理師，而專長是在醫護管理與行政部分，後來轉換跑道至公關室，不是不務正業而是讓她駕輕就熟地展現長才。顯然可見：「生命遊程一奮起，同船修得福慧網，執手偕行有傳承，共創人間新天堂。」

 幸福金句：歲月淘洗而能自覺與培福，必能綻放玫瑰般的風采。

2. 欣賞人物畫

　　訪談中知道蕭老師出國時，主要是逛博物館（含美術館）和教堂這兩大場域，在國外館舍中喜歡看油畫，她個人欣賞的是人物主題的畫，比較不喜歡風景畫，且鍾情於那種臉頰胖嘟嘟的人物，被問及為何？探究起來，可能從小到婚前的身材都很瘦（不到50公斤）有關吧。總之，她看上眼的畫就會買回家，回國再裱框。

　　出國時也喜歡上教堂，問及她信仰方面呢？她表示比較偏向於天主教，雖然沒有受洗，沒有很虔誠，但是她喜歡教會那種氛圍、聖歌與布置，進入教堂後，內心想要追求的就是這種可以讓心靈沉澱，所以喜歡歐洲教堂風格。其實，她自己的辦公室就有歐洲風，喜歡的是比較古典的作品，較不喜歡現代感較重的畫風，可見經常出國旅遊造就了她目前的品味。

3. 小物延伸與發想

　　進入她辦公室的白板上有掛一些磁鐵，其中她拿起一個直線條型的磁鐵，她超喜歡，據悉有一位美國建築師在俄亥俄州的瀑布上蓋一棟房子，建築大師法蘭克・羅伊・萊特（Frank Lloyd Wright）以長行垂直量體為核心，房子圍繞四周成臺階式的布置，這就是世界聞名的「落水山莊」（fallingwater），蓋在瀑布上的房子、層板有防潮的貼心小設計，她曾親自來此拜訪過，欣喜若狂，久久不捨離去；她很喜歡這類風格，圖書館內的桌椅，就採這樣的垂直線條設計，可見她傾向有條理、有規劃的感覺，睹物可見其人，頗符合她的個性。

　　其他如公雞、熊等的磁鐵都有小故事，因為葡萄牙的代表就是公雞，此物成為葡萄牙的特色是因為葡萄牙人都相信，掛上公雞畫飾可以帶來好運，象徵著幸運與希望、愛與和平、光明與信心，就是葡萄牙處處可見花公雞的意義，這類民俗象徵，是她行走各國後，可從明信片、瓷磚、瓷器、磁鐵到軟木塞等小物，看到各國的特色。

　　熊本城最萌的代言者就是熊，文創可以讓城市發展起來，熊就是

成功的例子，據悉她目前要將插畫轉作爲提水袋，實用性高，是繼幸福小書包之後的想法，值得令人期待。

💬 結語

　　對於幸福的看法，她認爲只要願意做、想做的事就是幸福了，旁人怎麼看並不重要；所以，她認爲幸福是一種想法，大家或許覺得幸福很空洞，她覺得眞正體會起來，不一定要有具體的圖像呈現，未必要打造玫瑰園才是幸福，幸福是唾手可得的。她表示：早上起床一邊刷牙、洗臉，一邊看著窗外綠色植物與花朵，就是一種幸福，不用特別布置環境或空間，例如：整理花草看似一項辛苦而繁重的工作，在她看來卻是一件歡愉而幸福的事。看官，您覺得呢？

　　綜上可知，經歲月洗禮與淬鍊下，她已養成收放自如的個性，平日閱讀書報、聽聽音樂，扮演好應盡的角色、快樂於工作，看似平淡卻韻味十足，眞是享受人生喔！

1

蕭老師打造了幸福玫瑰園，種玫瑰樹、剪玫瑰花、看玫瑰書、品玫瑰茶，在多重花瓣捲曲之內，可感受到她內斂的氣質，不易被人看透，又有外放的個性，很有主見，不輕易受人影響的新時代女性典範。

2

是啊！我不想當雞群裡的雞。

收集喜鶴也是她的嗜好，從小就年年被選為班長，是一位領導型的人物，作事很認真嚴謹，這就是她另一面外顯性格的流露。

3

獎

在校培養她具有組織和管理的思考，在她領導下都有最好的績效，養成她做事有條理，受師生肯定的小（與「蕭」諧音）老師，奠基了她往後職場的表現。

4

經常出國旅遊造就了她目前的品味，平日整理花草看似一項辛苦而繁重的工作，在她看來卻是一件歡愉而幸福的事。

chapter 2

走出自己的藍天

把酒瓶拋上世界的孩子

蜘蛛人　許博勝

文／詹玉瑛、林爵士

有些人乍看之下平凡無奇，在成長的路上跌跌撞撞，找不到屬於自己的人生舞臺。但幸運的是，他們不被看見的天賦，得以在遇見生命的伯樂後，找到自己天命的歸屬。在被賞識、引領與激勵下，因為所愛，因為熱情，因為不願放棄的堅持，他們始終努力不懈勇敢前進。或許老天爺終究是「酬勤」的，一度不被人們看好的他們，最後竟也能在人生的競賽中屢屢奪標，獲得榮耀的生命獎盃。就像目前在大仁科技大學餐旅系任教的許博勝，這個揚名世界的花式調酒界明星，在看來風光、令人稱羨的背後，其實有著一個個奮鬥掙扎、突破的故事。

⟨⋯⟩ 叛逆童年意外開啓調酒之門

　　七十八年次的許博勝出生於高雄苓雅區。辛勤的爸媽除了要照顧兩個姐姐，更要忙於經營的便當店生意，許博勝很小就委由住在旗山的阿公照顧，到了上幼稚園的年紀時，再被送到屏東里港的舅舅家生活，一直到要進入小學之前，爸媽才接他回家中同住。由於父母親經常七、八點就出門工作，晚上十點過後才回家門，許博勝的小學生活可說相當「獨立」，對兒子有期待的爸媽也不吝於教育上的栽培，特別是當他曾經在三年級時獲得唯一的一次第三名之後，安親班與補習班更成為他最常的落腳之處。不過，從小好動的他在回顧這段學習歷程時，也搞不懂自己為什麼就是：「不喜歡學校、不喜歡交作業、不喜歡讀書。」

國中時期的許博勝，一躍成為師長眼中的頭痛人物！因為天生斜視，童年經歷許多被嘲弄的不愉快回憶，導致青春期的他自卑心作祟。當時的他，成天和校園裡的滋事份子混在一起，但在他心裡其實並不想打架、鬧事，只是想藉著武裝和威嚇讓自己免於被歧視。他和幾個「兄弟」不但欺負班上同學，也多次與互看不爽的對象相約在校外早餐店打群架。許博勝說他當時就是想藉由搞怪引起別人的注意，印象中他有一次與同學在校園中庭的水池玩起猜拳遊戲，猜輸的人要跳進水池裡面，他跟那位同學就這麼不斷跳進跳出，搞到水花四濺，讓所有圍觀的同學們看的哈哈大笑、呼聲不斷，一直到訓導主任臉色鐵青地將他們帶走為止。而他也因為這件事，被學校通知家長，要求帶回家「管教」。但妙的是，一個禮拜賦閒在家未上學，他的爸爸竟然什麼也沒說，更沒責備他。許博勝說：「爸爸或許認為我只是調皮而已，長大就好了啦！就像我現在當老師，看到有些學生言行舉止的樣子是一樣的。」

許博勝也回憶道，當時幾乎所有「無良」男生會做的事，如在教室看黃色小說、廁所抽菸、打手槍、傳紙條、寫信追女生等等行徑，他幾乎無役不與，學校成為他跟兄弟們橫行的樂園。直到當時陪伴他的狐群狗黨在國三時一一轉走，日子頓失所依，突然不再有趣，加之國中導師輔導建議他選讀技藝班，每週一天到高雄復華高中上餐飲課程，找到另一個他可以發洩精力的去處為止。當然，爸媽對於他的不愛讀書，終也妥協地接受了，他們要他做什麼都可以，只要不學壞就

幸福金句：真實的人生不需要他人喝采，也不需要別人來定義成功。

可以。參加國中基測後，許博勝以職校為優先選擇，原本父親希望他就讀汽修或電機，但因他早已心有所屬，在媽媽的幫忙遊說下，他如願以三信家商餐飲科為第一志願，開啟飲調的學習之路。

💬 男生就是要練花調才夠酷

家中經營便當店的他，放學後總是要忙著幫家裡外送便當，路上看到同學開心地在玩，難免心中有些許的情緒，加上長期看到父母在廚房工作的辛苦，讓他莫名地對廚藝課程有抗拒，他回憶高中時有一堂中餐課要做「蛋炒飯」，他憑著記憶仿效媽媽的蛋炒飯料理，加了醬油的做法和老師的要求不同，引來全面否定的評價，從此讓他對廚藝課敬而遠之。在三信家商餐飲科就讀期間，因為社團活動有機會接觸調酒，讓他在餐飲這條路找到屬於自己的天空，回想當初選擇投入花式調酒的原因，只因為學長一句話：「男生就是要練花調才夠酷！」於是開始跟著學長利用午休時間在戶外大太陽底下丟瓶子，他坦言：「第一個月其實就想放棄了！」如今回想之所以沒放棄的原因，他自我剖析認為可能是遺傳了父親「堅持」的基因，加上內心深處那股想要被別人看得起的驅動力，讓他決定努力走下去，但也透露當年心中的如意算盤：留校練習可以有正當理由不用回家幫忙送便當，也給了他說服自己不放棄的理由。

當年在三信家商就讀的許博勝，受到恩師郭朝坤（現任「國際調酒協會（International Bartenders Association）」會長）與謝美美

（現任臺灣國際調酒協會（Bartender Association Taiwan, BAT）國際會長）的指導，加上受到當時已成為國際賽選手的尤港仙學長鼓舞，讓他立志要成為花式調酒的國手，代表臺灣出賽。但是決心不代表順利將伴隨而來，2005年第一次獲選參加國際賽的許博勝，思考著如何在「整體造型」這一項目上有所突破，最後他決定以兼具帥氣、神祕、正義的「蜘蛛人」造型，出戰第十一屆金爵獎國際調酒大賽。沒有想到那一次的參賽卻連佳作都沒入選，但流於血液中的堅持、不服輸的基因再次出現，許博勝形容自己當年為了能捲土重來，每天練習幾乎到了走火入魔的地步。2006年在港都盃全國調酒大賽中，他再度以蜘蛛人造型出賽，最後獲得佳作成績，從此樹立了自我風格，也自此一路過關斬將，同年以學生身分跨組參加第十二屆金爵獎國際調酒大賽，獲得職業組花式調酒亞軍；2007年更是他戰績卓越與豐收的一年，榮獲第十七屆亞洲盃花式調酒冠軍（8月）、澳門亞太區國際調酒大賽花式調酒冠軍（10月）、世界盃調酒大賽花式季軍（10月底）。

💬 拚了命的世界盃

　　他回想當時到新加坡參加第十七屆亞洲盃，是自己第一次出國，看到的一切都很新鮮有趣，但因為水土不服在初賽時還上吐下瀉、狀況極差，決賽階段原本幾乎要放棄的，但因為當時的教練郭朝坤和謝美美一句話：「得名就讓你代表臺灣參加世界盃！」一直以來設定世

界盃爲目標的許博勝，好像腎上腺素被激發般獲得莫大的鼓舞、強打精神連夜觀看其他選手和自己的初賽影片，徹夜調整缺失、克服身體不適，隔天如願拿下亞洲盃花式冠軍。同年又拿下首次在臺灣舉辦的2007世界盃花式季軍，當時名次是臺灣有史以來在世界盃的最高名次，當年的許博勝年僅十八歲。看似邁入人生勝利組的際遇，如今他回首一切，卻不認爲是件好事，因爲當年的他坐擁光環，有了世界盃的頭銜之後，表演邀約不斷，有機會全臺灣走透透去演出之外，也有了對高中生來說非常優渥的表演酬勞收入，但名利雙收的結果卻讓他以此自滿，看不見自己的不足，失去進步的動力，更忘了恩師郭朝坤諄諄教誨的：「上臺目中無人，唯我獨尊；下臺虛懷若谷，宛如稻穗。」

✍ 成功人人稱羨卻迷失自己

對一個從小自信心匱乏、少受肯定的孩子來說，這一切來得太快、太不眞實了！夢想成眞的他，當時以爲天下就是自己的，迷失在光環底下的他，患了嚴重的大頭症。當然，也有許多人認爲他只是運氣好，不服氣他成爲世界級的人物，對他的表現投以懷疑與忌妒的眼光。就在這種看似成功而又壓力隨之的複雜情境下，他在2008年的金爵獎全國職業賽中只得到第三名的成績；隨之在香港的亞洲盃比賽更沒有獲得任何名次。2009年的德國世界盃比賽他的成績更滑落到第十名，評審的評語非常直白，說他的演出「舞臺表演度夠，但技巧

未達世界水準，招式沒有獨創性且嚴重失誤」直到這一刻，許博勝才終於大夢初醒，他深刻明白自己仍是不足的，沉潛反省後他沒有被失敗打倒，他體認內在修為對一個人的重要，唯有謙遜與持續努力才是自己應該追求的人生觀。2010年，他重新參加新加坡世界盃比賽，榮獲第三名的佳績。當然也因為內在修為提升的踏實感，同年在新加坡舉行的亞洲盃比賽中，他竟然在毫無緊張感的完美演出中榮獲冠軍的桂冠。

站上冠軍舞臺才驚覺自我渺小

從沒想過要上大學的許博勝，恩師郭朝坤勸他應該進一步學習飲品相關知識，他也想起高職階段恩師謝美美對他說：「丟好瓶子只能出名，還需要學習飲品的知識才能創造附加價值。」於是在高職畢業後就讀大仁科大餐旅管理系產學攜手專班，大學階段的專業知能學習和被安排到中華民國國際調酒協會的兩年校外實習，辦活動、辦比賽的經驗讓他學習到團隊精神與溝通協調能力，同時磨練了更圓融的為人處世之道，他笑稱自己終於從大頭症中被罵醒了。

經歷迷失階段的許博勝，如今更成熟了，他常問自己：「下了舞臺，我要當什麼樣的人？參加比賽的意義何在？選手的定位或價值又在哪裡？」更坦言：「人家的讚美之詞——臺灣之光的封號讓他很有壓力，因為當自己越深入追求飲品相關知識時，就越覺得自己懂得太少、太渺小！」現在他自己在培訓選手時，也以自身的經驗要他們省

思參賽的意義和飲品知識的重要性，企圖引導選手和學生們走出長長久久的一條路，而非只是獲獎得名，曇花一現。

💬 飲品圓夢　傳承信念

　　目前進修研究所學位，並同時在大學擔任教職工作的許博勝，深深覺得教學工作比參加比賽挑戰更大，除了在專業知識上必須不斷精進成長、用適當的表達方式和教學方法讓學生理解課程內容，同時要扮演學生的朋友、激勵者、陪伴者……等角色，在不同的機會給學生不同的磨練、鼓勵，面對不同個性、特質的學生也要有不同的方式。他常常問熱衷參賽、一心想要得獎的學生一個問題：「比賽的意義對你是什麼？得獎之後你有什麼規劃？」他希望學生不要迷失於選手的光環，引導他們體悟飲品知識的浩瀚，更能認真思考未來職涯長遠規劃。2016年，他帶領十多位學生參與青年圓夢計畫，希望共同實踐讓世界友人透過飲品認識臺灣文化的想法，於是研發了「威士忌珍珠奶茶」──中西文化融合的飲品、「秋天的風」──選用代表秋天的菊花搭配屏東盛產的檸檬和鳳梨調配，展現秋涼意象又表顯臺灣人熱情的飲品，一路從屏東、高雄到香港、英國愛丁堡，用12天完成圓夢之旅。這趟旅程帶給學生很特別的記憶和震撼，原來飲品不只是飲品，它可以是人與人的媒介、可以是文化的傳遞、可以是藝術創作……，也讓他更堅信為師之責就是要鼓勵學生多元嚐試、找到自己的目標和適合的一條路，他也會繼續為這樣的信念努力著。

💬 臺下的成功由自己定義

　　就做為一個老師來說，他期許自己能成為連結產業與學生的平臺，他更提醒有志花式調酒的同學們，不要誤以為學會花式調酒就真的懂調酒，這條路要走遠，走得有意義，一定要充實自我的專業內涵，包括認識每項原物料的特色，所有酒品的特性與風味，畢竟，花式是形式，調酒才是真功夫。至於談到未來的規劃，許博勝眼神充滿盼望地說：「近程目標是將家中經營的便當店轉型，希望父母一手創立、已經經營35年的便當店可以永續經營，保留父母一輩子的心血。長程規劃則尚在思考當中，不過不管規劃是什麼，當中一定有妻子，因為那是對家庭的承諾與責任。」舞臺上的精采已經經歷、舞臺下的人生正要開始；站上舞臺那一刻可以獲得全世界的掌聲，真實的人生卻不需要他人喝采，也不需要別人來定義成功。這一點，許博勝內心非常清楚，不到三十歲的他，在人生換場這一刻，堅定而從容自在地努力開啟幸福之鑰。

1

2006年在港都盃全國調酒大賽中再度以蜘蛛人造型出賽，最後獲得佳作成績，從此樹立了自我風格，也自此一路過關斬將。

2

當年的他坐擁光環，有了世界盃冠軍的頭銜之後，表演邀約不斷，名利雙收的結果卻讓他以此自滿，看不見自己的不足，失去進步的動力。

3

他常常問熱衷參賽、一心想要得獎的學生一個問題：「比賽的意義對你是什麼?得獎之後你有什麼規劃?」他希望學生不要迷失於選手的光環，引導他們體悟飲品知識的浩瀚，更能認真思考未來職涯長遠規劃。

4

舞臺上的精采已經經歷、舞臺下的人生正要開始；站上舞臺那一刻可以獲得全世界的掌聲，真實的人生卻不需要他人喝采，也不需要別人來定義成功。這一點，許博勝內心非常清楚，不到三十歲的他，在人生換場這一刻，堅定而從容自在地努力開啓幸福之鑰。

照亮世界的螢光魚——林育禾

文／何曉暉

……昏暗的展覽館中，一架銀色金屬編製的迷你小鋼琴靜靜的立在不起眼的玻璃盤中，鋼琴旁邊好像站了個小女孩。歐梅如纖細的手拿起旁邊一杯水，傾倒下去……刹那間，水珠漫過的地方，全部散放出如夢似幻，點點的幽藍色螢光，成了架藍鋼琴。而那小女孩就如同被仙女的魔杖一點，原來是個踮著腳尖跳舞的芭蕾舞孃，閃耀著令人無法置信仙境般的光芒～「哇！是藍眼淚嗎？」「是的。即便到馬爾地夫，這種可遇不可求的發光藻，經過我們的研發，調整它的時差，藍眼淚也可以白天發光」。這個說話溫柔，但是指尖好像有著魔法的優雅女子，就是臺灣觀賞魚最大出口商芝林企業有限公司的總經理。這家公司，也是世界螢光魚研發技術的佼佼者，歐梅如和丈夫林育禾的夢想，就是將臺灣閃閃發光美麗的螢光魚，推展到全世界。

歐梅如大學時讀的是法文，嚮往的是歐洲的藝術和浪漫。大學畢業不久，清麗秀雅的她就因協助父親觀賞魚的中盤事業而認識了未來的先生林育禾。在熱情的追求下，很快就踏入了結婚禮堂。「先生原本希望我就是那個可以陪伴他的人，結了婚就在家裡就好，不用工作。我也覺得這種生活真不錯，就答應嫁給他。沒有想到就此展開一段奇幻之旅，做了許多原本都沒有想到的事。」沒有太多職場經驗的歐梅如，婚後為了想要了解先生忙碌的工作，也在婆婆的支持下，開始踏入公司，了解公司的運作，從而開展了她在行銷與推廣上的潛能。

芝林企業創立於1989年，座落於氣候溫暖、陽光充足，擁有豐

沛地下水，非常適合觀賞魚養殖的屏東縣。林育禾很年輕時就當選全國十大傑出漁民，並獲總統接見。之後致力於觀賞魚養殖的研發與出口，經過數十年的經營，使芝林成為全國最大的觀賞魚出口商。但是這一路走來的過程並不容易。從小就愛養魚的林育禾，大學時唸的是水產養殖，放假時就到各個魚場觀摩學習經營的方式。拿到零用金就把錢花在購買魚類相關書籍，之後吃一個月的饅頭也甘之如飴。歐梅如遇見林育禾的時候，他在觀賞魚的養殖已小有成績，但是距離他後來的發展，仍然是個篳路藍縷的初創階段。「我們曾經到提款機時發現裡面只剩幾千元，但兩人卻哈哈大笑。攜手朝著夢想前進時，什麼樣的環境都不覺得辛苦。」

跨越紅海到藍海

　　林育禾創業時正值臺灣經濟起飛，民眾消費力倍增，觀賞魚進口商如雨後春筍般因應而生。林育禾當時除了成立貿易公司從世界各地引進觀賞魚之外，也與有專業養殖管理技術的魚場合作，由芝林提供技術、魚種與國外最新的市場資訊，繁殖出新品種的觀賞魚，相當受到市場歡迎。但是歐梅如在那時候也看到，過多進口商的投入，終將使利潤攤薄，就建議林育禾不要停留在原處，開發新市場轉型出口。1994年毅然將國外業務部門全部從進口轉為出口，至今出口仍是芝林的主要業務。

　　芝林剛做外銷時，觀賞魚的主要消費國是美國、日本和歐洲。

沒有出口經驗的林育禾夫婦，考慮到出口需要航空運輸的距離，市場也必須是消費得起，且沒有隨手可得的觀賞魚的新進國家，日本就成了起步的首選。「公公的日文很好，我當時從日本訂購觀賞魚的雜誌，從裡面尋找潛力的客戶，再請公公撰寫開發信。那時10間有7間回應，也因為他們喜歡我們的產品，之後就成為相當穩固的客戶，關係維持至今。因為我們注重品質和服務，建立了口碑，後來許多北美和歐洲的客戶，都是日本客戶介紹的。」歐梅如娓娓道出轉型時的歷程。累積多年觀賞魚繁殖經驗的芝林企業，提供的產品毫不遜色，因此當初出口南美洲及非洲魚給芝林的美國與德國廠商，後來反而成了芝林的客戶。再加上堅持質量與客戶服務，能利用繁殖的核心技術不斷發展新品種，創造差異化，成為芝林能夠始終走在同業前端的競爭利基。因日方對品質的要求相當嚴格，促成日後芝林建立嚴謹的SOP品管系統。從日本出發學習到的經驗，成為芝林轉往其他國家發展的重要根基，也開始透過參展行銷來拓展海外市場、蒐集最新市場資訊與客戶需求。

☺ 閃閃發光的觀賞魚

林育禾是個對新變化的發展相當敏銳的人，對魚種的研發更是秉持著鍥而不捨的毅力與態度。創業後的林育禾仍不間斷地進修，為了跨足發展迅速的生物科技，他又重回校園專攻基因轉殖，取得生物技術領域的碩士及博士學位，累積了豐富的產業知識。他知道對於觀賞

魚這個技術性的產業，人才是很重要的成功關鍵因素，為了加快研發的腳步，他積極地與國內學術與研究機構進行產學合作。座落於屏東內埔鄉偏僻鄉間小路上的芝林企業總部，研發中心外表並不起眼，但是卻聚集了一流的碩博士水產養殖研究人才。

　　林育禾當時看到有研究學者將水母的螢光基因轉殖到斑馬魚身上，用來偵測水質。如果水質變差，斑馬魚就會發亮。他隨即想到，如果將轉殖技術應用到各式觀賞魚，就有可能培育出色彩更豐富多變的觀賞魚品種，創造產業與產品差異性。這個構想，使得芝林在螢光魚研發的生物科技上領先全球，成功研發出許多讓人讚嘆的新魚種。其中包括全球首例的中型及大型螢光魚，最長可到30公分，壽命最高可達到15年。另外還有全球首例雙基因的螢光魚，多彩的魚身，被稱為「水蜜桃公主」；全球首例帶有珊瑚基因，能在白天發光，被稱為「Hello Kitty魚」的「粉紅天使」，游動時會發出討喜的粉紅色螢光。當然，不能不提的，還有黑夜的馬祖海灘上可遇而不可求的神祕發光藻「藍眼淚」。在林育禾研發團隊的努力下，完成藍眼淚的量產技術，讓「藍眼淚」在適合的溫度與環境中仍可以持續發光。歐梅如說，是李安導演的電影《少年Pi的奇幻旅程》給了研究團隊這個研究的構想。而不斷發表全球第一的研發成果，也讓林育禾屢屢獲獎，2011年他獲頒臺灣生醫暨生農產業選秀大賽的金牌獎。

⌣ 創新商業模式

　　林育禾在研發的前端努力，富創意巧思的歐梅如則負責將先生辛苦研發的成果行銷推展到全世界，兩個人是絕佳的組合。芝林的發展並不是永遠一帆風順，他們曾經歷過神仙魚黑死病的襲擊，也經歷過八八風災的肆虐，但是林育禾和歐梅如充滿了韌性，每次的難關都咬緊牙關、胼手胝足合力度過。為了將每一隻魚順利外銷到世界各地，芝林一項一項慢慢嘗試與改變。成功的背後，藏了別人看不到的辛酸與努力。觀賞魚中，螢光魚的稀有與培育更是不易，這也讓歐梅如產生了不同的經營思考。她表示，儘管像粉紅天使這種珍貴的彩色神仙魚，中東客戶都願意用一隻十萬的價錢購買，但是芝林不打算將螢光魚一隻一隻出售，而是採整館輸出的模式來經營。芝林以其研發的核心產品螢光魚，協助合作對象蓋一個特別的螢光魚展館。硬體設施由對方興建，芝林規劃水族的展示，包括觀賞魚的配置、美學的設計、

科技、後續的維護人員、甚至是文創商品等，都由芝林一手包辦。如此一來改變傳統水族銷售的方式，讓芝林長久累積的知識與經驗，成為有價的產品。螢光魚的研發加上創新商業模式的建立，讓歐梅如獲《經理人月刊》遴選為2013年的一百位MVP經理人。而芝林往後幾年的經營發展，也逐步證實當初的構思相當具有前瞻性。

2014年，屏東農業科技生物園區邀請日本知名藝術家草間彌生以觀賞魚為創作題材，為其新落成的亞太水族營運中心創作公共藝術。草間彌生創作了三隻馬賽克拼貼的觀賞魚，這也是草間彌生首次以「魚」為題材的戶外裝置藝術創作。這個創造讓歐梅如更確認了心中早已萌生的想法是可行的，「魚只能在水族館裡游嗎？ 為何不讓

魚缸也成為一種觀賞藝術？」於是當位於海參崴，號稱全球最大海洋生物館「濱海海生館」（Primorsky Oceanarium）的負責人，俄國國家科學院院長，跨海前來臺灣找上芝林企業時，林育禾夫婦馬上表達參展意願，合作將螢光魚加入全新設計的展館，讓螢光魚的美跟藝術、設計、大眾教育、高科技結合。開幕時，俄羅斯總統普丁特別主持揭幕，並邀請了中、日、韓等國的領袖參加。透過臺俄雙方民間的合作，讓人在高科技設計無比華麗的螢光魚展館看到來自臺灣的美麗螢光魚，是林育禾夫婦感到非常驕傲的事。

⌢ 築夢踏實的休閒莊園

陪伴丈夫在觀賞魚的世界逐夢，歐梅如也從來沒有放棄對藝術的愛好。她喜歡歐洲。年輕時的甜蜜時光是先生下班時接她一起去吃東西，現在則是兩人攜手同遊歐洲，尋幽訪勝，蒐藏骨董和藝術品。「我喜歡歐洲的藝術品，特別是沒有被商業氣息沾染，不會因時代變遷而過時的作品。」芝林企業總部的接待所，是一棟具巴洛克古典風格的歐式大豪宅，也是歐梅如的精心傑作。每一盞燈、每一個藝術品、家具，都是歐梅如從世界各地蒐藏而來，且恰如其分的擺置在適合的位置。豪華、精緻、唯美又典雅的視覺效果，每一個角落都讓人讚嘆與流連。「把這個房子蓋起來，是我做過最幸福的事情之一。」歐梅如表示，當初蓋這個房子，原本是要當辦公室，後來發覺離出口作業區太遠，並不適合。就想到或許可以蓋成一個接待國外客戶的接待所。早年國外客戶來訪時，歐梅如和先生都必須親自接送到高雄用餐與住宿。客戶若想多待幾天了解產品，兩人就必須往返屏東、高雄奔波。次數一多，主人和賓客都覺得辛苦。接待所完成後，客戶就可以安心留宿屏東，欣賞芝林的觀賞魚和在地的田園景致風光，賓主盡歡。

延續第一個接待所的成功經驗，歐梅如的下一步是要建造一個以觀賞魚為主題的頂級休閒莊園。「我們希望觀賞魚的產業變得有趣。」歐梅如這麼說。「這個莊園等於是一個螢光魚展館的實品屋。莊園呈現的每一個項目，將建置成螢光魚展示的特色模組。我們規劃

了不同特色的展示模組，未來國際客戶可來這裡選擇他們喜歡的模組，芝林就組裝起來整體輸出。」歐梅如表示，跨足到休閒產業的初衷，並不是為了經營旅館民宿，而是為了讓人更多體驗芝林企業特殊的產品，並能夠在這裡好好地放鬆休息。因為觀賞魚、螢光魚、夜光藻，最漂亮的時候，就是夜晚。只有住在這裡，才能靜靜地欣賞到牠們的美。歐梅如有時會跟先生選個音樂，聽聽那個節奏是否能搭配魚的律動。「節奏對了，那些魚就好像在夜間跳舞一樣。」

　　當然，讓歐梅如把莊園蓋在屏東，還有她對鄉土的眷戀。歐梅如對歐洲情有獨鍾，累了想要透透氣的時候，她會到歐洲旅遊。但是倦

鳥總會歸巢，玩累了，最想回到的，還是自己的家鄉。「屏東不像都會區的繁忙，住在這裡，清晨在蟲鳴鳥叫聲中起床，可以體會到跟都會區不一樣的感覺。」能夠在自己的家鄉蓋一個歐式的莊園，實現了她長久以來的夢想，也帶給她無比的動力。「我希望我先生研究的成果，讓大家看到；我希望我的藝術收藏讓大家看到；我希望我的員工不會擔憂將來是否失業；我希望大家因為這個園區，走到屏東。」歐梅如每天一早進公司，把工作做好之後，會抽兩三個小時，走到興建中的莊園，坐在某個角落，或是到某個房間，去體會這個地方要賦予訪客什麼樣的感覺。她親力親為，為挑選磁磚跑遍全臺，每一棵樹都再三確認才種下。戴著斗笠跑工地，確認工班會做到很細的品質。皮膚曬得很黑，先生陶侃她「從公主變成了村婦」。這不是歐梅如熟悉

的工作，她也經常聽到質疑的雜音。「但是睡覺起來，我還是覺得願意走下去。」

在這個莊園的每個房間，都會有跟魚有關的裝置藝術。喜愛藝術的歐梅如，現在做的另一件事，就是發掘有天分的在地藝術家，將他們的創作融入在建築的設計中。將來可以解說自己的藝術品，甚至和螢光魚的經營理念一起包裝賣到國外。芝林多年來招待國內外訪客的經驗，也開發了一些相當有信心的私房旅遊行程，歐梅如表示未來將以五星級的飯店品質營運，爭取國內外企業團體到莊園開高階或理專會議，日本和歐洲團都是未來將開發的國際對象。

生命似乎一路順遂的歐梅如，是否也有經歷過「不幸福」的階段呢？她表示，剛開始向先生提出轉型投資休閒園區的想法時，林育禾

　　的確是非常震驚，因為妻子似乎開啟了一扇前途未知的門，要他一起
走下去。而這是他們兩人都全然陌生的領域。但是自承一輩子都在被
太太「騙」的林育禾，還是和太太找到了平衡點，願意一起策畫園區
的發展，要把它做到最好，讓更多人因此看到林育禾畢生研究開發的
成果，也讓歐梅如完成心中的夢想。「嫁給我老公也讓我覺得非常幸
福，因為他是陪我圓夢的一個人。」有夢最美，希望相隨。就是這樣
兩位懷抱夢想，築夢踏實的人，讓小小發光的螢光魚照亮了世界。

歐梅如和林育禾夫婦經營觀賞魚事業，曾經兩人到提款機前才發現銀行帳戶只剩幾千元，但彼此相視大笑。因為懷抱夢想，相當快樂。

芝林企業研發出可24小時發光的藍眼淚。

芝林企業研發的螢光魚，在俄羅斯海參崴海生館開幕時成為注目的焦點。

歐梅如積極打造以觀賞魚為主體的頂級歐式莊園。

要玩就是要玩眞的——
鄧佩珊的滑水人生

高雄蓮潭滑水主題樂園——鄧佩珊滑水部營運總監／中華臺北滑水國手

文／顏君彰　圖／鄧佩珊

我，來自北部一般的小康家庭，媽媽曾經是游泳選手和學校教師；在媽媽的人生經驗中認為運動選手是很辛苦的，加上臺灣運動環境和職業市場尚未成熟，未來的長時間投入也不一定會有預期效果和實質收穫，所以希望我能好好讀書，不要走向競技運動。至於父親，是一位創業家，他擁有一個屬於自己的工作室，為了讓我們家能有更好的生活，他努力的接案工作和用心照顧家庭，只希望我們都能平安快樂和知足常樂。也許就是因為在這樣的生活背景和

文化養成下，父母希望我能夠好好的讀書，未來進入公家機關，過著快樂生活和踏穩規律的生活節奏，來歷經這樣有規劃性的平順人生。也因如此，我在求學生涯中一直以來都努力符合父母的期待，雖然未能考取第一志願，但還是能保持水準錄取公立高中（景美女中）、公立大學（臺北大學）。

💬 人生的轉折，勇敢的態度

我的故事從這裡開始，因為喜歡藝術設計我很早開始接觸和學習許多美學創意的事物資訊，也希望能在大學推薦甄試中考取相關藝

術及設計的科系就讀，但是都希望落空，我也只能往前邁進的參與指定考試來追尋我的夢，結果意外就這樣發生了，因為在資訊大量的湧入、同學的牽引、分數的考量、學校的位置等等，我分發進入了國立臺北大學休閒運動管理學系，並開始認識滑水運動及接觸滑水活動，而大學畢業後，我也因為接觸到運動組織、運動行政、運動行銷後發現，未來如果想要有效管理或創新發展滑水運動，基本的學理基礎不能少，因此我一邊補習、一邊訓練、一邊打工，最後終於考上和持續攻讀臺科大企業管理研究所。不過回想起來，成為運動選手和徵選臺灣國手之路，從來都不在我求學時代的目標和人生清單選項。我知道自己一直以來都很喜歡運動，但是也因為知道父母對自己不同的期望，就連曾經可以加入我熱愛的排球校隊我都放棄了，因為知道父母的反應或談話內容，大概就會說：「希望妳能專心讀書，保持課業名列前茅。」因此我的內心每次都會浮現出這樣的想法：「如果我沒有辜負他們的期待保持課業名列前茅，我應該就可以從事我喜歡的事情了吧！」

　　所以我從高中開始就參加熱音社與擔任幹部，雖然技巧不夠純熟但至少還是會堅持到底，完成所有的學年表演和研習活動；到了大學更是擔任系學會主席，執行系上的所有活動，不過都是在父母不知情的情況下，是某一年學校辦理表揚和交接時才讓父親知道。原則

Sometimes.....
Even you are really tired.
Just can't sleep...

上我就是一位不服輸，就是想要朝著目標前進的女孩，因為我知道一路上的歷程都是累積、都是學習。

💬 滑水的執著，堅強的意志

我開始滑水的時候並沒有設定目標成為國手出國比賽，我就是這麼單純的喜歡這個運動，怎麼可以這麼帥氣！2009年高雄世運會因為英文還不錯，被點名上船當船繩小妹，卻有幸可以看到世運選手在我面前使出超級華麗美妙的技巧動作，讓我定下目標：「我一定要學到這些翻騰的一招半式！」因為實在是太酷了！而設定這個目標之後，我努力練習，自己存錢出國去不同場地找教練學習，開始在臺灣也有了很好的成績，2010年以來拿過六年的全國寬板女子冠軍，開始成為代表隊選手爭戰不同的國家，也更深深體悟到：當你越深入了解一件事／一項運動／一個產業，越發現自己懂得越少、越不足、越發現自己是井底之蛙，臺灣第一名出了國還不是搶獎牌搶得很辛苦，

臺灣第一名去到澳洲是到第幾名去都不知道，這個也成為我的動力去更精深的了解這個運動，但也知道我目前的能力沒有辦法把目標設定為世界第一（因為需要更多金錢、更多資源、更多更多是我想不到辦法可以把這個目標設定下來）。

但是，更深入這個運動是可以的，因為翻譯過國際規則提供臺灣裁判訓練課程使用，需要更懂國際專業選手的招式才有辦法訓練臺灣裁判，不斷地精進自己的知識，在一次因緣際會赴挪威世錦賽參賽並同  時參與國際裁判課程，拿下四星裁判（總共六星，五星與六星需要累積大賽裁判經驗來升等，四星目前亞洲僅一人為女性）而我回來之後為了讓大家能更容易聽得懂裁判規則與趨勢，我發展了自己的一套裁判教學，在臺灣辦理國際裁判課程，後續開始受邀去韓國、中國海南島、香港等地講授國際裁判知識並發與國際裁判證照。

事業的創新，教育的執著

很感謝高雄左營蓮潭滑水主題樂園邀請我加入這個團隊，對我來說是一個舞臺，在這裡實現辦理國際比賽、訓練出比我更厲害的選手、推廣營隊、登上國際雜誌，也讓我有彈性可以把我所學帶進公司裡將滑水從高雄蓮潭推廣出去。但在這中間，一定不會是事事順利的，很多事情必須一肩扛下，也或許是自己愛面子，辦理的營隊宣傳文宣、園內相關公告設計因為覺得跟設計師來回修稿不僅花錢又費時間也不好意思要求設計師不斷修改，加上自己一直對設計都有興趣，

所以報名了相關課程，開始把自己能處理的設計案件都自己搞定，儘管太專業搞不定的還是必須找專業的來處理，但溝通上會順利很多，因為擁有共同的語言，設計概念上更好傳達，不知不覺得又新添了一項技能，也帶給我更多的機會與挑戰。

看到這裡，其實我現在所學到的，真的就是因為我想要、常用到的技能想要自己擁有不用依靠別人，把我帶到了這裡，而我相信我只要能繼續保持這樣的想法與心態，人生總能繼續給我驚喜。

😃 自我的發現，生活的發現

很多人羨慕我，把興趣當飯吃，但這對我來說，其實有著因為富有使命感跟隨而來的壓力，但是每克服一件事情，感覺都是在打拼自己的人生事業版圖上加分，當你真正的熱衷於一件事情，覺得沒有什麼事情阻擋得了你的時候，就必須提起勇氣，邁開腳步，不計得失的展開學習之路。對我來說，很幸運的在大學時期碰上了滑水，但這一路上，千萬不要想說僥倖、可以抄捷徑而做了與理想背道而馳的決定，每個決定與步驟將會引領你開啟下一段旅程的方式，我想說這些旅程帶著我走到現在的，有下列四個要點：

第一點，不夠大膽但又很想跨出舒適圈的方式

跨出舒適圈大家都會講，網路文章大家天天寫，但我沒有那麼勇敢，我也常常杞人憂天，所以在我進行一些規劃與思考之前，我其實並不敢就這樣勇闖天涯。舉一個簡單的例子：這幾年很多年輕人瘋澳洲旅遊打工，曾經聽過長輩說這是浪費時間，因為出發前滿腦子想的都是學到英文、看看世界，但事實上出發後每天面對的是普遍來自亞洲國家的同事，每天面對的是一些雞、鴨、牛、內臟或者葡萄、番茄⋯⋯等水果，語言學到的不是英文反而是別種腔調的中文或者多學了一些粵語（是也不錯啦～）但兩年後回來臺灣，工作資歷比別人慢了兩年，英文似乎沒有進步太多，粵語也沒有熟練到能在履歷上寫上：精通，似乎一切又從頭開始。

但另一個例子卻有了不同的結果，一位朋友找到自己的興趣是做餐飲與滑雪，在澳洲期間待在雪山一面滑雪一面兼職廚房的工作（服務生、洗碗、副廚等），知道內外場流程，甚至也擔當起窯烤PIZZA的負責廚師，兩年的歷練下來，回來臺灣開了一間窯烤PIZZA主題的風味餐廳，打造自己的品牌，店內擺飾充滿滑雪精神，成功地打起知

名度，現在不僅餐廳做的好，雪季還能身兼滑雪教練要出國滑雪就出國滑雪。這中間的差別是什麼？發覺自己的方向並加以評估，如果評估過後只剩下膽怯，那真的要鼓起勇氣跨出舒適圈，但如果還沒，也請耐心學習，多方涉獵，不要盲從，覺得大家都去那我也去，最後可能真的會事倍功半，沒有辦法把人生有限的時間進行有效率的發揮（我不會說徒勞無功，因為如果毫無規劃的向外衝，我覺得一定還是可以從中獲得一些啟發，或者幸運的人可能也會因此找到一些方向，但我喜歡效率，我喜歡加以評估規劃後再展開火力全開的衝刺）。

第二點，是不怕吃苦的韌性

但我覺得這個跟你選擇了一項你會抱持著熱誠的心的目標很有關係，真的因為有熱誠、有這份心，再怎麼苦你都會想要繼續下去（我從白肉底變成黑炭妞，從打電腦的手變成黑手，從彈鋼琴的手變成長滿繭的手）我父親看了當然心疼，他不開心我自然也沒有辦法開心到哪裡去，但是因為我太喜愛這項運動，我怎麼想辦法都得克服這些課題，從接受，到讓父親與對自己感到驕傲。而在驕傲自己的膚色跟滿手的繭之後，代表你在這一塊應該也有一些了解與自信。

愛拔手的繭 皮掀起來了
抹個臉又把臉給劃破了...
Scratched my face by new peeling callus...

第三點，感恩的心與謙卑

千萬不能忘記的就是第三點，沒有前人我們不可能有機會習得現在的知識，沒有永遠的第一名也沒有永遠的最後一名，事業沒有永遠的巔峰，反而很可能常常有低落的時候。最近有一股明星滑水風潮，也漸漸認識了一些，發現有一個規律，就是紅超過二十年的明星都好謙卑、不耍大牌明星架子，會的就會提出來跟我們分享，提攜著我們，不會的就大聲說不會，還請我們多多包涵與協助，這樣成功的人看在我眼裡，承認他們不擅長的事情，讓他們變得更加有光芒。遇到一些比較有架子的藝人，自己覺得自己很紅，都不會長久。

第四點，懂得分享與傾聽

真正的進步，是在我們這個運動裡，必須一起進步，一位我很尊敬的前輩——國際滑水總會亞洲會長——林廷祥先生說：「把餅做大，人人都有飯吃。」太常計較為什麼要同業結盟，明明就是競爭對手，但我看到的是如果結盟能彼此擁有更多能力讓更多人喜歡上滑水，對彼此都是正向的成長，到底有什麼不好的？同一個品牌的業務也是，很像彼此是競爭對手，我做的這些努力打造品牌形象是不是免費的幫別的業務也拉到客人？長遠的想，大家多賣一些，市場對該品牌的認識更普遍一些，慢慢成為大家公認的好產品，還怕銷售不出去嗎？最後，給還在卡關的你，還搞不清楚自己想要的？還沒辦法跨出舒適圈？卡在瓶頸？那就充實自己吧！把時間花在該花的地方——學

習，這世界太大太多東西可以學了，沒有時間花在自怨自艾，而且學習，也會幫助我們找到新的方向，認識不一樣的群體甚至改變人生的關鍵項目也就會因此出現，人生就是這樣，總是在沒有期待的時刻出現驚喜！

順下來的這些重點最後回到另一種勇氣。「丟棄、放下」的勇氣，我們總是因為想變成想成為的人而不斷學習，但我們忘了我們把許多東西壓在身上導致學習效果有限，但現在必須要學會丟掉，丟掉壞習慣、丟掉藉口、丟掉完美主義、丟掉「要讓每個人都滿意」的想法，以及鼓起勇氣把上述的丟掉實踐！才不會被這些負擔壓著無法前進·把自己準備好了等待機會，否則就會像康永哥說的：「小時候覺得彈琴很難就說不學了，長大遇到心儀的人喜歡會彈琴的人，也只能

哭哭。小時候覺得英文很難又不學了，長大遇到千載難逢的機會但一定要會英文，那也只好哭哭說掰掰！」如果機會還沒來？那就好好花時間充實自己！世界上要學的東西太多了，真的片刻不得閒沒有時間浪費在煩惱與憂鬱這中間……你會得到你沒想過且又拒絕不了的人脈，而人脈，常常也會帶來意想不到的驚喜。我們的旅程都還未完待續，有夢真的很美，但是也不要活在夢中！夢其實不值錢，真正值錢的是這些能夠將夢想實踐執行的知識與技能的累積才是真正該追逐擁有的目標。

故事續寫，精不精彩就靠自己了。

1

等待的沉靜及失敗的檢討，讓我發現
學無止盡的美學。

2

嘗試的勇氣及逆境的智慧，讓我發現
沉穩執著的美學。

3

改變的態度及創新的意境，讓我發現
謙卑初衷的美學。

4

角度的改變及正向的思考，讓我發現
閱讀閱歷的美學。

陽光畫家的溫暖牽手 —— 陳慧貞

文 / 邱春美

氣質清新的佳人陳慧貞，由商科背景的女子轉而成為陽光畫家潘枝鴻老師的妻子，丈夫在離世前預存了一筆福報到心靈銀行給她，她也因此全心投入美術館餐廳的經營，你想知道這份緣深所繫，如何發展與承傳嗎？她這雙溫暖的手可以做飯、作畫、灑掃、擦拭、典藏、蒔花、變出點心……

☺ 她受潘枝鴻老師影響至深

　　她對於丈夫潘老師的離世，一時無法接受與面對天人永隔，曾到國外療癒半年多才慢慢走出傷痛，因為她先生潘枝鴻老師對她生命的影響已深植人心，眾人鼓舞她要轉化這份懷念為力量。

　　潘老師留下的五彩繽紛祝福，影響所及頗為深遠，無論是美術館餐廳、畫作出版、偕妻出國、嘉惠學子等，留給她永恆的美好回憶。

1. 旅遊 —— 看到真心

　　潘老師生前對妻子的兩大承諾是：帶妳環遊世界、過快樂的日子。所以慧貞到過許多國家，天天面對愛與美的畫作、花卉，怎能不心花朵朵開呢？

　　據悉他們去過好多國家，法國、荷蘭、義大利、瑞士、西班牙等處，例如在威尼斯還買一個包包，是夫妻同遊的快樂時光紀念，她除了增廣見聞以外，也成為她與亡夫潘老師的共同美好回憶。

　　潘老師幾乎每年暑假都帶她去歐洲，而不是美洲，因為他表示

過：喜歡感受歐洲那深層的人文氣息及古典之美。潘老師在〈異國風情畫作旁〉對應的散文是〈臺灣鄉土現代主義〉其中有云：「我將西方的元素帶回，融入臺灣的本土內涵，一粒米、一份智慧，期望將臺灣的農業經驗，轉換成文化創意產業的生命核心及農業生活哲學，所以他能有寬廣的視野融入畫作中。再者，他認為除非有下過深厚苦工，否則他反對「心到筆不到」的抽象畫，他擔憂美術教育走向這種鋼索危機。

　　所以慧貞贊同潘老師寫的話：「離開家鄉，才知道溫暖的家有多好；踏出國門，才體會到國家地位有多重要；流浪他鄉，才嗅得到母親煮的飯最芳香。」本土知名畫家潘枝鴻緊握生命中的彩筆卻以臺灣農村為重心。由此可知，臺灣鄉土親切的召喚他，也讓他來找到她，他母親的毅力給了他自己，他也將他的毅力給了慧貞。因為他的人生兩大目標是努力的給、知足常樂，所以慧貞也受此影響，他宛如是她的人生導師。

2. 畫展 —— 學到慈心

　　慧貞身為小兒麻痺畫家潘老師的妻子，欣賞他從小愛塗鴉，努力獲獎無數的才華，國小開始就是各類美術比賽常勝軍，曾拿下全省美展優選獎、屏東縣美術教育成就獎等大獎，曾在屏東文化局舉辦第八次畫展，展示四年來創作的六十四幅畫作。後來在佛陀紀念館這個國際級規模處展出，更有她溫暖的手協力。

幸福金句：福報不斷耕耘，在心靈銀行便源源不絕地增值。

慧貞的先生潘枝鴻已經是大畫家，在佛陀紀念館本館第四展廳展出的畫作為「觀心臺灣、用心畫世界、花開正果」等系列作品。潘枝鴻還親自導覽，與會人士感受他從畫中表達對人的情感與孕育成長地方的關懷。因為潘老師以觀自在菩薩的慈悲心，來看腳上所踩的土地，以慈悲心愛臺灣，走遍世界才能感受到這塊土地的芳香，和臺灣婦女的嫻雅、溫柔與大智慧，用心耕耘臺灣，成功藝術家要停下腳步，才能在這塊福田找到臺灣、找到生命的核心價值。為此畫展也出版《2014水彩油畫集》，潘枝鴻表示：「這本畫冊是為佛陀而印，由讀設計的兒子潘冠廷精心編輯，這是他用心看待真情耕耘福田的人民。」所以慧貞受此影響也頗具慈心。

3. 出版 —— 轉為美心

潘枝鴻身兼老師、畫家及作家於一身，生前出版《散文畫集》三本、《2014水彩油畫集》等，對生命、藝術擁有無限的熱情，無論是教學、藝術創作或提攜後進均不遺餘力。潘枝鴻老師藉由觀象、用情、寫心、重意境的藝術本質，還原這塊土地最初的感動，他不僅用眼睛探索，更用心去相融。在大自然中覓集靈感，在鄉鎮市集中體驗人生，在畫作中反映出內心對城鄉的情愛與觀照。

據悉潘枝鴻以前要娶她時，對於她要嫁給肢障人士，當然受家人百般阻撓，但因為潘枝鴻憑藉高才華終於擄獲心上人，她感謝她先生分享真情所開啟的幸福密碼，讓她也歡樂大於辛酸，他的幽默、堅強

一路陪她走過了國內外大街小巷。慧貞吐露出：「因為看了他的日記很感動，就決定要嫁給他。」可見他文學思維佳妙，真摯感人而打動美人心。

4. 澤披 —— 化作愛心

筆者有閱讀這三本散文畫集，可謂愛不釋手，因為是圖文並茂的好書，他的文筆敏銳、情感豐富、他的思考簡潔而溫暖人心，看事理透澈，是很好的生命體驗。雖是小品散文卻時有高見，例如個人喜歡一些語句：「技術的好壞在於勤，內心的氣質與氣度靠覺。」又如搭配〈山中的小路上〉油畫寫的散文是〈走路〉中提及「鋪橋造路是一件工程，需要錢。開創新路是高深智慧，需要愛。路是人走出來的，智慧是心路開發出來的。」又在〈包容〉畫作中對應的散文是〈畫展〉，其中有道：「商展是拚業績，畫展是拚福報，藝術家不斷的在創作樂土，但不是每個層次的人均能受惠，畢竟不同的人會享受不同的物，不同的嗜好，我選福報。」

在〈花開富貴〉畫作對應的散文是一篇〈我用愛情化解她的一壓力〉，其中對小孩沒考上美術班的焦慮媽媽稱讚說：「妳是天下最幸福的人。」因為他觀察後說：「妳有位天才型的孩子，又有位那麼愛妳的老公，妳是天下最幸福的人，終於在媽媽的臉上綻放出亮麗的笑容。愛可以解除妳任何煩惱，愛可以透過第三者傳遞給他，使他更幸福，我心裡想的是美事，口中講出來的當然是好話，一句讚美的話可

以溶化傷心的頑石，當愛存在一點憂鬱時，更美。」說別人喜歡聽的真實話，謙卑幽默利人的話就是禪話，把別人責備辱罵的聲音轉為同情慈悲的感謝聲，將批評、詆毀的聲音化為鼓勵的讚美就是禪音說禪話，聽禪音，自然就能變成一位具有魅力的人了。

5. 傳承 —— 延伸佛心

潘老師畫作陳列在潘枝鴻美術館，筆者觀看這些潘老師的原作，也回顧起潘老師國小時曾因為畫觀世音菩薩像，因而被他爸爸稱讚「你很棒」，他小時候受鼓舞的畫面就浮現了，他家境貧窮，是拿考卷背面畫畫，後來去向潮州陳處世學畫，他爸爸就從加匏朗騎單車去潮州，很遠，遇到好老師就此前往，當時以佳佐國小參賽，獲屏東縣寫生第一名，真是不簡單，後來潘老師堅信佛教，也是和陳處世老師有關係。他高中時是向何文杞老師學石膏、素描、水彩，後來去藝專學油畫，所以他同時能有這麼多項才華是難得的，在他幾乎都是強項，一般人很少能如此。

潘老師的畫作在校園中有藝文迴廊，展示得多也嘉惠學生，但是對學生影響深刻的反倒是陳列在每天所及之處，筆者任教過的大學生宜晴，她憶起高中就讀的民生家商：「印象深刻的就是廁所裡有一幅畫，看了很賞心悅目的畫，當時對那幅畫的了解十分微薄，我只知道是位有名的屏東畫家所畫的一幅畫，直到我對潘老師深入了解後，才恍然大悟，原來！那幅我看了三年的畫就是潘老師的作品，突然有

股想回母校好好的再看一次那幅畫作的衝動，也為我曾讀過的學校感到驕傲。有感情的畫作，有故事的畫作，它再也不是單單一幅畫，而是有生命的畫，我很高興自己能夠認識、了解到這麼一位屏東之光。」

確實，在屏東萬巒鄉下長大的潘枝鴻，最愛畫農村的田園景色，看到感動的題材，就會忍不住想把它畫下來，他說一幅好的畫，並不在於它畫得有多像，而是要看畫畫的人有沒有把情感放進畫裡。這是另一種「愛的延伸」，慧貞也如此的感受得到，在天之靈的潘老師勢必也是露出感恩的、歡喜的笑容。

圖為屏東民生家商的廁所一隅

😊 她積極不斷地多元學習

在這個沒有先生陪伴的生命轉彎處，悲傷是自然之事，但她也想通了要活得更精彩，讓她先生知道培育打造出這雙溫暖的巧手，可以做飯、作畫、變出點心、灑掃、擦拭、典藏、蒔花……，相信她不會被生活擊倒而是更為挺拔。因為她先生也表示過：「就是要每天畫，每天都在這個領域裡面，不斷求進步。」所以她也就努力不斷學習與精進。

1. 習作畫 —— 善心揚輝

潘枝鴻夫妻倆的緣分，可以說是畫畫牽的紅線。陳慧貞說當她第一次看到潘枝鴻的畫，就被他的才華吸引了。因為慧貞很欣賞他的構圖，他的構圖不會讓人覺得很複雜，所以她很喜歡看他畫畫。潘枝鴻回憶去墾丁畫畫，就在那裡認識結緣，後來約她去墾丁寫生，還稱讚過她很聰明，因為曾忘記帶到要固定的膠帶，她就用口香糖黏在那張圖畫紙，如此才避免很大的落山風。她早期費心在培育兩個小孩，如今一男一女都有不錯的適性發展，她表示先前在家多忙家務，但看潘老師畫久了也學會畫，如今她也欣賞、整理潘老師

慧貞的畫作

作品，得空時也揮筆，例如以下大幅的油畫作：玫瑰、向日葵，就是她利用閒餘所繪，傳承了潘老師重視光的風格。

慧貞的畫作

潘老師利用簡單的繪畫技巧，引發畫畫者的想像力與創造力。為美術教育，越早向下扎根越好。他們讓孩子在遊戲中，學習藝術。靠著畫畫，他找到了自我，他相信藝術的美可以豐富人的心靈，他更希望每個人都能享受到藝術帶來的快樂。

潘老師在〈濤聲〉這幅素描中曾指出：「我心如堅石，命運如浪濤，一波又一波，又見陽光照。」所以她也要像玫瑰般燦爛耀眼、如向日葵般的向陽溫暖，所以有畫下這兩幅畫。其實，看潘老師在《散文畫集三》的畫作〈種樹的農婦〉對應的散文中有提及〈藝術的最高境界〉「不是陽光普照，是內心釋放溫暖的悸動。」又〈迎著光向前走〉那幅畫對應的〈天光〉短文有云：「不需要用放大鏡看生命的缺口，拿望遠鏡規劃遠方的我。」

因為名山大川不只是大自然的工法，也可以放置在你我生命過程中，認識時空、快樂地活在當下。所以潘老師的畫就是人生哲學，對慧貞的影響至深且遠。她曾經吸引他來結為連理，筆者在此祝福她記得潘老師的這些光明的、溫馨的話與畫，這會兒她也想要有逐夢的超

能力去追上他。

2. 經營煙樓坊美術館餐廳 —— 福心種福田

　　她是美濃客家人，這家店也開在美濃，在潘老師離開人世後，她仍保有堅毅精神，讓慧貞的妹妹、媽媽等一家人全力投入，甚至這裡是他「一生快樂創作的落腳」，所以她要保有它並傳承它。

　　據悉潘枝鴻非常喜歡美濃的菸樓，他認為雖然菸葉已經沒落了，但是菸樓文化代表的是一種歷史的痕跡。他稱讚美濃是地美、情濃之所，因為美得很濃，所以叫美濃。為了吸引更多的人接近藝術，潘枝鴻生前決定借重岳母陳李雅妹的好手藝，開了這間客家餐廳，將藝術與客家美食結合在一起，讓藝術融入生活。潘枝鴻的這個創意點子十分受肯定與歡迎，卻也讓他岳母一下子瘦了十公斤，因為從沒開過餐廳、做過生意，起初是手忙腳亂，幸虧館內是融合藝術、音樂、客家菜、庭院，客人在等待時可以四處欣賞，慧貞在潘老師離世後就轉換跑道在此，潘枝鴻的生命哲學一樣可以套用在此「嘴巴甜、腰得軟、腳踩正」。

　　庭院內有許多繽紛花卉，誠如潘老師在〈掌聲響起時〉畫作中所提及的：「我不只喝咖啡，我還要欣賞咖啡杯，還有杯子外面的情調。2003年我在美濃開創『煙樓坊』不只是賣傳統客家菜，也賣一片綠地及讓人永生難忘的花海，我賺的是客人給的小費『朋友』。」

　　潘老師生前甚至還建議在此可以開發更多物件，他將自己的畫作

做成很多生活用品，例如皮包、名片夾、指甲剪的盒子、記事本，他認為唯有讓藝術走入生活，才能讓更多人接受。藝術品不只是在這種國家級的畫廊呈現，它還必須走入生活的一部分。「看不到臉上的疲憊，卻得見內心的福慧。」心靈故鄉就在自己的心，因為潘老師表示過：「看到婦女同胞辛勤的耕作，這堅毅不拔的精神是臺灣女性的象徵。」走筆至此也祝福慧貞之美感精進、福慧雙修。

目前慧貞在此有研發紅豆糕、茄子、苦瓜、地瓜葉等點心或菜餚，雖然她以前在鳳山讀的是商科，也曾擔任會計方面職務，但是對此美術館餐廳有使命與興趣，既然是「煙樓坊」這裡的經營者與負責人，更期許要費心經營好。

化思念為力量

1. 籌辦藝術人生回顧展

民國103年九月她先生潘枝鴻老師生病時，她表示：原本以為會好轉，她憶起民國75年認識到103年，近三十年，幾乎天天在一起，朝夕相處，她丈夫去世的創傷是史無前例的痛，心痛很久，一陣子都無法走出來，要接受失去他的痛很難平復，因為他們夫妻兩個人嗜好相同，很有話聊，一起工作，從早餐、他煮咖啡聽音樂，吃麵包，作畫、她則在旁做家事，下午一起到工作室教學，幾乎黏在一起，生活很幸福，回憶起來這是人生最美好的時光，他才華洋溢，在我們的黃金時代奉獻給彼此，度過美好人生。（訪問敘述中，慧貞仍數度哽

咽）。

　　她換環境去紐約三個月沉澱傷痛，出國之前，屏東文化處要她進行潘枝鴻藝術人生回顧展（PAN JYHRONG FINE ART EXHIBITION），104年9月她幫他思考可以做些什麼事？如何籌辦？後來籌畫了「錦瑟華年」（In the Bloom of Youth），此名稱是在紐約的靈感，她想將重視觀象、用情、寫心、重意境的藝術本質展示出來，構思以「錦瑟華年」命名，其實是取自李商隱詩句「錦瑟無端五十弦，一弦一柱思華年」，縈繞在她耳邊，可見她是很有品味的氣質美女。

　　臺藝大榮譽教授賴武雄老師是國寶級的畫家，對此次畫展也讚許有加，文化中心的楊仲仁先生認為這個回顧展是參觀人數最多的一次（有用碼表統計人數），辦得非常成功。配合此展，慧貞的兒子將潘老師的藝術作品轉為畫冊，是可拆式的明信片、小徽章為紀念典藏；另外，筆者觀察周邊物件還有桌曆、杯子、杯墊、磁磚、筆記本、名片盒、絲巾等，都頗有創意設計特色。

　　潘老師藝專的賴武雄老師很嚴，一顆雞蛋、一顆蘋果也是畫一學期，要畫出明暗，她思念他時會翻翻他的作品，例如〈芒季〉是他二年級作品，在藝專就獲全國美術第一名，她將潘老師作品分三個時期：1978年同學肖像系列、裸女系列、制服少女系列；1990年的愛女曉蝶系列、音樂系列；2003年的客家藍衫系列、芭蕾舞系列、田園系列。她說潘老師幾乎每天都在畫畫，當有人來時，聽到他不在時會說「好可惜」，一開始她聽到時都特別難過，很氣自己沒能將潘老

師治好，幸虧，畫家對這塊土地的熱情同樣也讓她轉化爲振奮的力量。

2. 踏上藝術教學路

慧貞後來表示：「我應該以他爲榮，不能再悲痛得鬼不像鬼，人不像人。」慧貞形容自己「超愛哭，想到就哭」，半年來眼睛也哭壞了，潘老師103年11月17日過世，她於104年2月28去紐約，想著畫展的籌畫事宜，9月20日回顧展開幕，在回顧展後的10月25日（紀念潘老師生日）成立1025ARTIST藝術賞析，慧貞說：「爲了延續這段感情，可能也是心疼我、要陪伴我走出傷痛，他們的畫進步也很多。」她謙虛地表示：我不像潘老師能直接教技術，我將蒐集資料給他們比較，介紹優缺點給他們知道，我在紐約三個月期間，到各博物館蒐集拍照很多資料（約兩禮拜換一個畫家的展），目前是一個月定期聚一次，這些學生群聚會（約五、六十歲的退休老師或家庭主婦等）在「錦瑟華年」也協助我策展、顧展。當被問及如何教學？她舉例說：「介紹某一位現代畫家，我給他們題材，聚會時我洗出照片給學生們看，每人看同一張照片來畫著，她介紹印象派的畫家後，再檢討學生作品，例如看景的顏色受到哪些光源、模糊點、遠近等如何表現，意見提供而彼此分享等。」教學方式多元，有時他們在屏東、美濃，室內或出外寫生、看展等，慧貞表示「教得很有成就感，也替他們高興。他們也都超期待要上課。」

她去紐約各博物館時也思考到：梵谷才活了三十七歲、孟克八十多歲、莫迪利亞尼三十七歲、畢卡索九十多歲、馬諦斯八十多歲，在藝術的洪流裡，不管藝術家壽命長或短，都有其歷史地位與價值。想通後，她就想要好好發揚潘老師的作品，因為潘老師在藝術史上確實有一席之地，何文杞老師在潘老師告別式時來她家裡也有說：潘老師的藝術已到登峰造極、爐火純青的境地。所以，她覺得應該替他高興，不再沉浸於痛苦深淵，而且要積極的幫他把藝術使命傳承下去。

　　半年前，她說有一位潘老師的學生希望她再教下去，這位舊生來煙樓坊三次，當時她也走出傷痛了，就教她水彩，她也想用藝術幫助人。她想起約三個月前，她也接受了一位導演（中風兩年）學生，以前很會畫場景，中風後知能嚴重退化到約國小程度，不能講話，他太太載他來，希望用「藝術治療」幫助他，幸虧他還可以走路，左手可拿筆，每周來一次。所以她表示：煙樓坊並非是最終目標，慧貞感覺潘老師還繼續牽引、帶領她，以前她是教兒童畫畫，想朝孩童創新創意的空間，據悉她先前也有跟陳處世老師學畫之外，十年前還去臺藝大進修了兒童美術、兒童心理等課程（每周六日去臺北進修兩年），可見她傳承藝術力量頗大，她想偏重在指導弱勢小孩畫畫，幫助更多人，筆者在此誠心祝福她。

　　慧貞介紹幾幅潘老師畫作，「這是第二期的，那是第三期以人物群像為主，近期我在找印象派大師卡米耶‧畢沙羅（Camille Pissarro）畫家的作品，我在紐約也看過他的作品，也有去費城看，

潘老師他也喜歡這類畫的題材，感覺畢沙羅畫作在點、跳的技法佳妙，他們生長時代背景雖不同，但兩人畫風有類似處，在個性堅強、重視友情上卻是殊途同歸。

　　記得有一次她陪潘老師去茂林，剛好原住民在收割稻子，潘老師說：「感謝老天讓我們目睹這一幕景。」他們當時是俯視，她就在高處幫他冒著生命危險地拍照，回來讓潘老師教學可用。這要完成群像圖不容易，自古以來人物、模特兒最不好畫的，因為臉或身體的比例差一點就可能失之千里，就會很奇怪，而人就不像人。風景畫較無差別，他要自我挑戰，四、五十歲畫一百號的大張群像圖畫，慧貞覺得潘老師作品可以媲美卡米耶・畢沙羅，所以慧貞有心要繼續發揚他的畫，將來必定可以超越畢沙羅，他們也喜好畫農村的景與人，只是畢沙羅比潘老師出生早了128年，喜愛的題材很接近，都偏畫人物、農村、農婦。

　　她舉潘老師一張在荷蘭畫的水彩為例，拍照回來後，大約畫半天就能畫好，因為他有受過很嚴格扎實的訓練，他很會畫天空的顏色、水的紋路，快下雨的變天前，荷蘭氣候變化大，趕快掌握就能誕生在畫作內。潘老師參加「臺灣全省水彩花卉比賽」，賴武雄老師有去現場看這張畫，當時潘老師在生病，特別肯定與稱讚潘老師水彩已到一定境界，他也打電話給慧貞說：「你要好好地將潘老師照顧好，他的水彩不得了喔！」慧貞還信誓旦旦地說：「會，我一定會。」沒想到潘老師在11月17日因肺部關係併發而離世。慧貞如今就想將潘老師耕

幸福金句：福報不斷耕耘，在心靈銀行便源源不絕地增值。

149

訪問者在潘枝鴻美術館內所拍攝

耘藝術福田的使命，再發揚下去、嘗試作育英才，進而營造有創意、創新的空間美感。

☺ 結語

　　翻閱潘枝鴻畫作中的人物，五官幾乎以不清晰為主，評論者多認為如此卻可以感受到畫中人物的情感。在此祝福慧貞也像潘老師「美濃小橋」那幅畫中人一樣，雖然畫中人物看不清長相、表情，卻可以看出鄉村傳統女性的淳樸與刻苦。其實筆者瀏覽慧貞的一些照片也很

少有表情，似乎看不出她的情感為何？她與此頗為契合，總之，希望她福至心靈。

　　潘老師不只注重畫的技巧如何表達，更注重的是真情，無形中她也受此影響，也是感受得到她生活中的真情流露，且一直保有純樸性靈的美心、溫暖的巧手。以幽默開朗、樂於分享、積極樂觀地行動與生活。

　　在訪談慧貞中，感受得出她真情的暢談，有潘老師和她如此豐富的生命故事，值得將這份愛與幸福傳遞下去，雖然她和筆者年紀相同，在人生半百之際她卻喪失另一半，未來人生路要獨自行走，像潘老師說的毛毛蟲中會蛻變成蝴蝶，就享受這層缺陷之美，在此逆境中更需要這股堅毅精神，祈願她勇敢的向前走，繼續深耕福田，甚至像潘老師一樣啟動幸福的密碼，以歡喜心幫助很多需要幫助的人，又如他所言：「唯有朝著陽光前行，影子自然會被拋在腦後。」所以我們盡力分享愛的亮光直到永遠，並祝福她留下真、善、美的燦爛生活。

慧貞將「潘枝鴻美術館」打理得宜

慧貞的媽媽是「煙樓坊」的主廚

1

潘老師婚前說要帶妳環遊世界、過快樂的日子,有嗎?

有呀!所到之處能增廣見聞,也是我與潘老師的共同美好回憶。

陳慧貞與潘枝鴻夫妻倆曾一起去過好多國家,法國、荷蘭、義大利、瑞士、西班牙等國家。

2

潘老師在佛陀紀念館國際級規模展出的畫作呢?

出版《2014水彩油畫集》,這本畫冊是為佛陀而印,由兒子精心編輯。

有她溫暖的手協力,「觀心臺灣、用心畫世界、花開正果」等系列作品。畫中表達對人的情感與孕育成長地方的關懷。

3

潘老師畫筆妙、文筆佳,好厲害!

我就是看了他的日記很感動,就決定要嫁給他的啦!

潘枝鴻身兼老師、畫家及作家於一身,生前出版《散文畫集》三本、《2014水彩油畫集》等,對生命、藝術擁有無限的熱情,無論是教學、藝術創作或提攜後進均不遺餘力。

4

在潘老師離開人世後,她仍保有堅毅精神,這裡是他「一生快樂創作的落腳」,所以她要保有它並傳承它。

新加坡生命禮儀達人—鄭海船

文／林爵士

鄭海船（Roland Tay），生命年輪七十。1947年出生於新加坡殯儀館旁的小戶人家，在十個兄弟姊妹中排行老四。十三歲那年，開小咖啡館營生的爸爸因為忙碌，要他外送咖啡給殯儀館裡協助遺體處理的工人，第一次，他走進從小每天「路過」的殯儀館，如此貼近死亡的場域。在恐懼、忐忑不安中，他雖然完成父親交付的任務，但始終無法遺忘眼睛所見，在裡面某個似乎被遺忘的昏暗角落裡，某些隨地而置，無人聞問的冰冷軀殼。為什麼？即使走到生命的盡頭，有些人仍然連最後一絲的尊嚴也不可得？他暗自想著：「以後如果有機會，就讓我來替他們服務。」1970年開始，他把年少的想法化為職業，直到2017年的今天，他的服務持續進行著，唯一不同的是，職業已成為志業。

鄭海船

💬 緣起一場跨海的交流

　　生命從來是一個「大哉問」的課題。從起始到落幕，人們總在祝福與喜悅中迎接生命的誕生，但也經常於不知所措與痛苦無助中面對生命的流逝。死亡，往往是人們忌諱，但卻又不得不面對的「真實」。特別是在面臨生命悄然結束，家屬處於徬徨之悲傷情境，如何

經由專業服務者的協力，讓往生的親人得以在人世間最後停留的過程，獲得有尊嚴的對待，體現家屬對往生者最後的心意，成就「生死兩安」之圓滿，一直是位處屏東海角七號，國境之南的大仁科技大學，在兩年前成立生命關懷事業學位學程以來，所一直秉持的人才培育初衷。朝著勾勒的願景昂首前進，接篆學程主任的李翰林博士即積極與業界展開合作，希望透過實務經驗的導入與交流，為生命禮儀事業學術領域的深化，注入新的思維與視野。

在此一宏觀理念的機緣牽引下，2016年8月暑假期間，新加坡鄭海船殯葬集團的千金Jenny Tay偕其夫婿Darren Cheng等人，首次前來大仁科技大學參訪。因為這場跨海的邂逅，縮短了屏東與新加坡的有形距離，2017年3月初春，在南臺灣的筆者一行三人，偕同搭機前往

DFS Darren Cheng

Jenny Tay

獅城回訪。筆者與這位未曾謀見的創辦人——鄭海船董事長初次見面時，即被他平易近人的人格特質所感染，在愉悅自然地氛圍中，筆者於幾天的參訪中，數次與他貼近的對話也隨之天南地北，直白深入。在他與公司人員的引導解說下，我們不僅觀摩了集團從接體、防腐、入殮、喪禮進行、遺體火化等實際殯葬流程；也在他坦率地分享下，對所轄集團於殯葬事業的經營、目標與願景，有了較為整體性的了解。對於筆者一行人來說，這絕對是一趟深植生命印記的豐收體驗。

面對鄭海船董事長這樣的「奇人」，彼時筆者就思考著，從事殯葬服務的業者可說不乏其人，可是能持續數十年以感同身受心情，竭盡心力服務，贏得家屬肯定、感謝，甚而提前將一己之身後事託付，期盼代為辦理的人應該不多；以殯葬為業收取服務費用是合理的，但如果願意替為數百位沒有親人之孤苦無依者，或一貧如洗的往生者，無償提供棺木、安排葬禮，並且在其軀體火化之前，獨自一人陪伴，鞠躬致意，陪他們走完最後一程，給予這些弱勢者於人世間最後一絲尊嚴的人，應屬異數。因之筆者在與鄭董最後一次的見面中，不假思索脫口而出：「鄭董，我一定要為您寫一篇報導，不只是因為您很特別，不只是因為您的職業，更因為您秉持的信念與行善之心。」

平凡日子裡的不平凡

平淡而持之有恆的規律，往往是一個不平凡的人所奉行的平凡事。四十幾年來，每每在已近凌晨，鄭海船於忙碌一天回到家中梳洗

完畢，剛躺下休息不久，指名找他的電話聲已然響起，入眠未久，睡眼惺忪的他隨即接起電話，一旁總傳來陌生而熟悉的語言：「Roland Tay嗎？我媽媽（爸爸）剛剛已經走了……麻煩你了……」在短暫對話掛下電話後，他隨即通知公司24小時值勤的待命人員，啟動接體的SOP程序，而後將之記錄於每日攜帶的泛黃簿冊裡。筆者於觀看英語「Death is Our Business」系列節目，有關鄭海船殯葬集團的報導中發現，鄭海船從半夜到清晨之短暫數小時，即有數通尋求服務的電話打來。而令人佩服與驚訝的是，當早晨的鬧鐘響起，無視於身體長年疲累的病痛，在一晚斷斷續續的睡眠後，他平靜如常的起床盥洗，簡單用膳，服下十幾顆藥丸後即整裝出門。通常在七點半前就已抵達新加坡中央醫院「BLOCK 9」的太平間前，與家屬碰面，商討接體與喪禮的相關細節。

鄭海船此一數十年保持電話通暢，在使用手機後更與之日夜幾不離身的習慣，即使在幾年前他其實已把多數業務，交給女兒Jenny Tay與女婿Darren Cheng打理，但第一線與家屬的聯繫，仍是他堅持親力親為的事，他說自己連洗澡時，手機都要掛在浴室的牆壁上，不管幾點他都要聽電話，因為他比較明白家屬的感受，「因為家屬是悲傷的，他們往往不知道該怎麼辦，他們既然相信我、委託我，那我就要讓他們安心，幫他們把託付的事情處理好」他相信，家屬第一個聽到的聲音如果是他本人，他們在心理上會比較安穩、比較放心。對於父親仍然要親自接聽家屬第一時間打來電話的堅持，接下事業已可獨

當一面的女兒Jenny Tay笑著說：「這件事爸爸喜歡親力親為，畢竟他已經接家屬電話三十多年了，這是他的使命，他不接電話，也會不習慣。」Jerry說她自小看著父親聽電話、講電話，其實，她覺得父親所堅持的應該是一種人與人之間，一種交付與承諾的信任。「父親認為這是他履行承諾的第一步。」Jenny說。

回想參訪當時，為了進一步了解新加坡的喪葬實務，我們商請集團陳國興經理，安排參與實際喪葬流程，因之第二天清早，我們即搭著公司安排的接待車抵達新加坡醫院，下車後，一輛標示「鄭海船DIRECT-FUNERAL SERVICE」設計商標的廂型車早已停在此處，就在我們進入醫院太平間前的等待室，聽著陳經理的解說不久，鄭海船董事長已親自進來自我介紹，隨行幾人就在鄭董引入另一接待處坐定後，旋即聽著他娓娓道來新加坡殯葬現況的種種，隨後我們也跟著他展開了一整天的學習之旅。穿梭於入殮處、工廠、花店、辦公室、告別式會場、火化場的一天，看著、聽著、討論著，不停咀嚼，期盼將滿滿的見聞儲存於自己打開的心。我們看見了，也忘不了，鄭董事長即使已七十高齡，仍舊處於殯葬事業的第一線，他同時接電話、講電話，卻又可以有條不紊的同時處理周邊不同事務，工作效率實在太讓人「震驚」。當然，最讓我們印象深刻的，應屬喪家告別式與送往火化場的場合，他親率員工向往生者鞠躬致意與體貼問候家屬時展現的誠懇。那態度、那身影，好像鑽進心窩子裡般的，讓人永遠記得他的真。

⊙ 顛覆傳統的創新思維

　　許多以家族為主體的事業領導人，往往保守有餘而創新不足，以殯葬起家的鄭海船不同於俗，他深深明白，即使是在殯葬事業的領域裡，事業必須在與時俱進中不斷尋求創新，才能保持競爭力與期待永續的可能。但創新的確是件說來容易，實則蘊含事業風險的嘗試。對此，鄭董事長採取了穩健的做法，他將殯葬第一線的接洽留給自己，確保服務對象的直接服務品質。他的公司善用微信的通信軟體與員工溝通，以之傳遞工作進度與任務指派，可以同時處理二至三個喪禮多元的執行細項及滿足作業需求。鄭董個人非常重視員工即時性的反應能力，他要求員工在電話三聲鈴內要接起電話，而他本人也經常會打電話來測試員工有無留神，是否達到他的要求標準。他認為殯葬此一行業競爭非常激烈，為了事業的生存，獨樹一格的服務特質應該被建立、強化。此外，他也認知相關設備更新的重要性，他說：「使用較新、較好品質的設備器材，可以增加喪禮佈置與環境的美感，參與弔念的親朋友人會感覺莊重與安寧，從而改變人們對喪禮活動的觀感，減少心理上不必要的恐懼。」

　　至於在公司經營、策略以及行銷的創新等事務方面，他則完全放手交給美麗、開朗大方的女兒Jenny Tay，以及帥氣、陽光的女婿Darren Cheng。這一對帥哥美女早在2013年訂婚時，即以大膽卻又令人眼睛一亮的螢幕處女作驚豔四方。試想，一對情人相互許諾終生，拍著象徵愛情的婚紗照，在藍天白雲、綠草如茵的原野上，他們穿上

最美的衣裳，執子之手、相互擁抱，幸福映著他們閃亮的眼眸，這一切的美麗畫面、溫馨而動人。可是怎知撞擊人性尺度的是，他們盈盈笑容相互擁抱的背景，竟然是躺在一副白色的「棺木」裡！而這本極端的矛盾衝突，為何卻能在這對新人純真自然的詮釋中，顯得創意十足，融合的如此令人會心一笑呢？對此，Jenny說：「我們為何要忌諱死亡？這工作是我們生命中的一部分，將工作融入婚紗照中是有意義的事。」的確，既為工作，本該自然，何來突兀呢？

2015年這一對璧人結婚後，Darren開始與Jenny在集團公司工作，他們夫妻放下一般經營者可能的高姿態，親自參與學習了包括遺體處理等，每一個殯葬流程的可能細節。Jenny回憶道：「第一天上班我到太平間，當下感覺心情是沉重、壓力大的，但我穿著白上衣、黑長褲、著淡妝，從衣著建立專業形象，打破他人對殯葬的負面印象。一般人對殯葬業的普遍印象是衣著邋遢，不修邊幅的，我們對衣著的要求，是對亡者及家屬的尊重，也將會帶給家屬信心，有助治喪期間彼此信賴關係的建立。」Darren也提及他的願景是想讓公司成為殯葬業的領航者，他透過演講討論死亡，發表新書《阿公到哪裡去了》，引導家長如何向孩子們述說死亡一事，給予兒童正確認識死亡之生命教育。如今，他們與基層員工建立革命夥伴般的情感，同時，在本身具有高學歷知識的優勢背景下，他們接受媒體訪問暢談企業理念，積極參與商業組織、社會公益等活動，致力提升公司的知名度與整體形象。2016年，他們更創立了非營利的「直接人生基金會」

（Direct Life Foundation）組織，截至現在，這個矢志以幫助新加坡社區的社會公益組織，仍然一步一腳印持續運作，深化服務社區的各項計畫。

　　對於女兒與女婿加入集團後的表現，當爸爸的鄭董還滿意嗎？筆者從他的笑容中可以確認他是引以為傲的。就以筆者幾次與這對年輕的夫妻餐敘、對話中，都不免暗自佩服鄭董培育的接班人物怎是如此優秀？儀表、學養、人品、待人接物，皆令人留下深刻的美好印象。難能可貴的，他們跟爸爸一樣親切，臉上總是常常掛著笑容，笑聲清澈爽朗，完全讓人無法將他們與殯葬集團年輕領導人的身分產生聯想。大仁科大生命學程的黃棟銘老師說話本幽默風趣，每次見面，他妙語如珠的笑話，總讓這對賢伉儷開懷不已，直嚷著要向他拜師學習華語呢！

⊙ 服務與助人的人生觀

「鄭董，請問你的人生觀是什麼？」他回答：「積極不計較的服務心、開一扇門助人。」鄭董說：「我見過許多不同的遺體，多數是老年時的自然死亡，但英年早逝，車禍等意外的非自然死亡，總會令人感嘆人生無常。我的角色是竭盡所能的幫助家屬，陪伴他們度過失去親人的悲傷。」若遇親屬海外喪命過逝，他還會親自到家屬家中通報死訊，告知處理現況與流程。當然，這是一件吃力不討好的工作，他回憶到：「每當要到家屬的住處，我都還感到心臟撲通撲通跳著，但我把它當成是一件善事來做。」鄭董認為，在這個社會中，你可以做生意營利，但能為社會做出貢獻、幫助他人，你將會過得很快樂。而喪禮的舉行，不只是送亡者上路，它也是讓活著的人，能有一個正式的解脫。讓亡者能被銘記，因為我們都是這世上的過客，但我們對一個人的記憶卻是永存的。他見過太多的家屬，後悔沒能花時間陪伴所愛的人，而那也就是我們常會忽略的事。

在與鄭董最後的對話時刻，我望著以報導他數十年來所為善行之圖文為基底，所設計的一整面「鄭海船之牆」；看著桌上一張張他為弱勢往生者送行所留存的身分證，聽著他說著每一個曾經服務案例的生命故事，我突然覺得，人不一定要當大官，不一定要做大事，才能成就人生的不凡。只要心存善念，一生踏踏實實，堅定職業的服務信念，即使是一個不起眼，甚至被人帶著有色眼光看待的事業從業者，

如果能在挺直腰桿的歲月中徐徐前行，終究會贏得人們的尊敬，開創屬於自己的人生志業。就像鄭海船這樣的人，因為發心、因為堅持、因為一個服務的信念，造就了他平凡中的不凡。

「鄭董，請問您什麼時候退休？」「退休喔？我沒有想過退休耶！反正繼續服務就是了。」鄭董說。是的，鄭董怎麼可以退休呢！那位他常到醫院陪伴的老人家，不久前才來到他的服務據點，摸著選定的棺木，指定往生後穿戴的服飾以及搭乘的靈車型式，叮嚀要將骨灰撒向大海，等一切身後事都結束後，才可以通知兒子的長者囑託，鄭董可是牢牢的記在心底啊！

Roland Tay嗎？我媽媽（爸爸）剛剛已經走了……麻煩你了……

鄭海船經常從半夜到清晨之短暫數小時，即有數通尋求服務的電話打來。

通常在早上七點半前，他就已抵達新加坡中央醫院「BLOCK 9」的太平間前，與家屬碰面，商討接體與喪禮的相關細節。

因為家屬既然相信我、委託我，那我就要讓他們安心，幫他們把託付的事情處理好。

把木瓜種到泰國的推手——鍾麗珠

文／邱春美

這些年海內外飛來飛去的鍾麗珠，將到新公司打理大小瑣事，已經升格當年輕漂亮的阿婆總管，近期常出國旅遊或造訪親人，她表示：「其實這些歷程與經驗是要我先生游愛文較深刻。」我說：「您先生經營木瓜事業十多年後，可以說巍然成為一棵大樹了，而您是幕後的好幫手。透過您這朵花的協助，一定更有吸引力。」以下就讓我們看看，她是如何讓她先生這棵大樹粧點得更耀眼！

泰國木瓜的栽種

麗珠讚揚先生：「他種什麼像什麼，對農業都很擅長，學習領悟力很高。」105年5月突破種種關卡，終於辦理成立「游豪農產股份有限公司」，麗珠的先生就是這家公司負責人（總經理）：游愛文。

她稱許她先生在外打拼事業，言談中很佩服他的努力精神與智慧。

　　游愛文、鍾麗珠夫妻倆是屏東內埔客家人，麗珠平時照顧家庭，發揮客家人做家（顧家）、勤勞節儉、治理家務的能力，夫妻倆育有兩男與一女，她回顧生兒子後仍有上班（在學校當代課老師多年），97年5月至100年10月在六堆客家園區承辦志工業務，直到園區開幕後才離開，和她先生在泰國、臺灣兩地奔波，訪談中知悉她和先生共同度過金融危機、投資失利，一起奮發努力，她先生在異國學習約蹲了十年，近年漸有成績，嶄露頭角，如今子女已長成，海外事業穩定（成立自己的公司），先生邀她一起往海外發展。

　　麗珠認為先生游愛文「有捨有得」，他做事很堅持，木瓜栽種完全自己做，摸索了很多年，後來在湄公河畔找到沖積平原，這裡土質鬆，很適合種木瓜，所以收成好，能掌握如何克服及解決最嚴重的毒素病、人手等問題。

　　泰國木瓜的苗，多半是印尼、馬來西亞的苗，他們夫妻帶動泰國居民一起來種木瓜，一開始他們找當地人合作種木瓜時是沒人要種，他們甚至辦了說明會也一樣，後來想到沒有收購是問題所在，當地有菸葉、玉米等契作，有人收購，後來就因種植木瓜的利潤好，才有人種植，如今都學他們集團種植木瓜。

　　整地後要育苗，種在地上約三、四棵的苗，到快開花時就要判斷哪些要挑掉（捨棄不要），他們訓練有素的會挑選，在開花時就知道要不要留，這四棵約哪一棵要留才能讓營養集中？臺灣人喜歡圓而小

的木瓜品種，泰國卻不接受這種，泰國喜歡大大的、似弧瓜長形，賣相才好，圓形的是被列入C級，無啥價錢行情。

木瓜樹原本一棵都結得滿滿，後來一直採，才會只剩上面幾顆，木瓜分A、B、C三級，A級價錢最好，所以栽種時，外型不好的或是太密集的就會摘除與清理，這就是「疏果」。我們採摘較熟的給市場，泰國用青木瓜做涼拌，和成熟木瓜兩種是不同品種，口感不同，在臺灣倒是沒有如此區分。

從對話中可以知道麗珠夫唱婦隨地已經熟悉如何聘用工人、也了解整地、育苗、移種、選花等栽種技術，當我問及「您們種木瓜的面積多大？」麗珠想了想說：「不斷有新園、舊園。現在自己栽種面積，加上當地契作農民的共計約30公頃。」可見她對於木瓜大、小事都瞭若指掌，真是名副其實的頭號總管呀！

泰國居民農業知識不足，常不小心將木瓜的毒素病帶入，幸虧經由游先生夫妻的輔導下，讓他們多了許多工作機會，也促進他們的經濟，進而提升收入與改善他們的生活，由於游先生夫妻倆的帶動影響，目前泰國也爭相要種木瓜。

木瓜種下去到收成，大約要八到十個月，都要人工協助，不能用機器，例如要用明管、黑帶來灌溉，回想當初第一批契作的農民，指導使用農藥與肥料用法，當地農民農業知識不足會亂種，常常將毒素病的苗帶進來，如此沒有農業知識的結果，只得廢園收場。麗珠看了較心灰意冷，但是她先生堅持下去，如今才能闖出一片天。因為游先

生當時認為木瓜種植仍是可以的，有發展性的，泰國這裡地又大，可以到處找地來種，幸虧游先生只要做過一次流程，體驗後很快就能融入，幾乎都能上手，對此天分很高，堪稱「農業達人」。

　　麗珠他們將木瓜農場的田裡留一空地，沒有種木瓜，而是搭鐵皮，似集貨場，較熟的木瓜有套果網，商販自己來取貨才用箱子裝，不然，他們都直接排好疊放在車上，大多送到曼谷市場，他們算是中盤商。

湄公河畔木瓜樹結的果實（未開採前）

麗珠回顧剛去的幾年眞是辛苦，單就車程而言，以前離曼谷（在泰國中部）約六小時車程，如今搬到泰北約要十三個小時。近幾年來泰北才轉好，湄公河在泰、緬、寮三國交會地帶的金三角，青萊府的清盛是主公司，泰北的青孔是分公司。

⌣ 過著遊牧民族的生活

鍾麗珠敘說道：「105年五月剛在泰國登記成立『游豪農業股份有限公司』，游愛文雖然在泰國，但心繫故鄉。」此番透過視訊表述如下：

自從退役後在家鄉和兄長一起務農，租蓮霧、檳榔、檸檬等水果，栽培管理長達二下餘年。其中對蓮霧管理略有心得；在鄉裡舉辦蓮霧比賽，連五屆得到總冠軍，全縣比賽兩屆，甜度冠軍。因此成績獲邀請到泰國繼續務農之旅。

2001年5月到泰國中部和香港，與泰國水果貿易商合夥種水果，條件是他先出資，我負責農場經營管理，待收成，經他販賣、銷售，扣除成本剩餘利潤歸我，總共栽種面積約百公頃，包括木瓜、蓮霧、洋香瓜等，所有的貨皆出口到香港、大陸等地販售，其中蓮霧因爲採收、包裝、保鮮、運送容易出現問題，而先放棄經營。

最後剩木瓜繼續經營，因爲木瓜可長年採收，又可大量種植，有利可圖，但好景不長，期間又遇到毒素病肆虐，經過三年的時間沒

有利潤，權利又由對方操控，最後決定終止合作，自己出來獨資租地經營，繼續木瓜栽植，過著遊牧民族的生活（要找沒有毒素病區來種植），在此農場經營必須全能，從整地、歸化、架設、灌溉系統、馬達水管配置，都必須自己來，沒有專家可請教，邊做邊改進。在泰國中部待了十年，只種木瓜單一項。期間遇到了三項難題：

1. 長期工人難找：因為大部分本身都有做農，要有空才能請到人，尤其泰國假日特別多，鄉間婚喪喜慶都是全村出動，農忙期又是採互助換工制，所以時常為工人不足所苦。

2. 租地甚難：因為要找大面積農地很少，且皆有人耕種，不願放棄續租，尤其木瓜種植條件必須沙壤土，且乾季要有水，雨季不淹水，又要沒有毒素病區，加上租期長達三年，地主意願不高（若要賣又不行），所以在泰國中部長達十年時間，只可求溫飽，未能盈餘。直到2011年，經教會會友介紹到泰北（清萊府），因為氣候、土壤較優，前途才見曙光。幸運能租到湄公河沿岸沖積平原，木瓜一顆平均一年可採收150公斤，一公頃約1,200株，如此方有利潤可言。

在泰國工作十五年期間感觸良多：

1. 政府辦事效率低，申請簽證、證件繁多，且大部分事情可用金錢解決。

2. 民心有貪小便宜、心胸格局窄小傾向，沒有真心相待朋友，只有利益上的夥伴。

3. 治安尚可，我在此尚未遭恐嚇、取財之事，但遭欺騙、佔便宜事情不斷。

 幸福金句：能吃苦又善於觀察與讚美，必有勇氣追求幸福。

4.在泰國經商務農，賺錢機會較臺灣容易。

　　以上，若大家有機會到泰國，若方便、需要，游愛文表示：「我或許可助綿薄之力，謝謝！」

💬 異國生活的觀察所感

　　麗珠是臺灣屏東內埔村人，嫁內埔新東勢的游愛文，當被問及客家有所謂吝嗇或節儉的看法時，她回憶起從前：「目前花錢不會很緊，想趁身體好，才捨得出國到處旅遊。我會看狀況，以前生活不好過，我先生當時有做房地產（買土地），以前買了不會虧錢，就用融資方式貸款，五六甲田全投資進去，過日子較辛苦，後來剛好有機會，朋友介紹要去大陸還是泰國發展？他考慮泰國是佛教國家，人較溫和，相較於大陸人較恐怖、『得人驚』（客語）。」

　　她記得當時家中的檳榔管理問題，她先生較有膽量就去做了，可見他是可以放在山上生活的人，他家有五兄弟，排行老四，上面還有姊姊，她先生較有責任心，用頭腦做事，腦筋轉得快。學什麼都快，領悟力快。麗珠表示：「對農業，讓他摸過就會了。」閒聊中可知，游愛文的表哥是內埔最早種檳榔的人，可見他們家族的務農經驗頗為豐富。

　　當聊到夫妻兩人以前如何認識的？她表示：「記得在公司上班時，他寫信找嫂嫂託來給我，我覺得姻緣天注定的，嫁給誰都是注

定的，我們是認識約五年後，才決定嫁給他，游愛文他家務農，他從工作中學習到許多農業知識，家族篤信基督教，教會中也學習到溝通，總之是緣分。」又說：「當初想著在臺灣自己有田，怎麼做都能賺錢生活，游愛文對農業很有興趣，前幾年長年出外在泰國，而家庭在臺灣，有時難免會叨念幾句，因為小孩成長過程中，爸爸沒有參與，沒有時間和小孩同步成長，無法以身作則，以致小孩較不會做農事。

　　去到泰國要適應環境和語言，就語言而論，她覺得寮國、泰國所講是一樣的話，只是一些文字不同而已，大陸雲南傣族（西雙版納）就和泰國差不多。她表示：「我先生語言學習動機也強，可以聽、說泰語，也看懂一些泰文，來這裡三個月就會使用生活常用的泰語，不會的文字就先買CD、買書，自己讀，他學習能力強，背單字就敢講，有心學習而快速。」

　　麗珠觀察到相較於大陸，泰國比較不會有欺詐，可能之前生活較困苦，致使當地人心胸狹窄，很會計較，例如三十八元，我們就給四十元當然沒問題，但工錢要給三十一元時，不能求方便而拿掉一元。又如收購時是C級貨，有時工人會故意放到B級貨，想多拿一些費用。工作環境而言，泰國民性較懶散，也不守信用，若臨時不能來也不會講一聲，可能今天早上他們是交工（互相幫忙），幫那一家做事就不能來。人工問題目前已經解決，要採收時（木瓜成熟度不能停），目前已經改變為找泰國的少數民族解決此人力，因為他們是沒有田地的人，讓他們來農場搭寮，供吃供住，又教他們如何採果、施

肥、灑藥、選果等，對彼此都是雙贏。

　　她觀察泰國鄉下部分少數民族，十三歲就結婚生小孩，沒讀書上學，來工作就會連同妻小一起來，若工作效率差就淘汰，留下有效率者，工人們覺得有工作做又供吃供住，比在家鄉好，所以長期工約三、四十人，雖然工作效率不比臺灣，但起碼工人很穩定。

　　泰國只有季節性陣風，大約在3、4月這段時間，這時就要用竹子綁好架子，將木瓜樹支撐好。根據他們的經驗，只要樹苗行與行的間距、水及肥料照顧得宜，可採收一整年，整株木瓜樹下面採收後，上面仍繼續開花結果，果實成熟度視季節而定，冬天若較涼，熟度就慢些，夏天溫度高而熟成較快，可能今天採，明天又成熟，所以木瓜成熟度是有季節性的。木瓜樹若太高不好採，可從木瓜樹的中間砍掉，便會由旁側芽再長出，老樹留側芽是可以省些成長時間，不用等8個月的成長就能採收，一般而言，還是用新苗種植較好。

　　麗珠她們的知識教育指導後，但是推廣時去看他們如何種木瓜時發現一個共同問題，他們幾乎是沒照顧好木瓜，明明該澆水就要澆，當地農民卻都是有空才做，沒用心，所以品質不好，我們自己會盯著自己種植的品質，目前不喜歡收他們的產品，擔心影響我們，例如超市內部剖開是不熟的，就會因品質不好而中止採買，我們自產木瓜原可賣十元，收了別人的產品卻只能賣七元，所以現在漸漸減少契作，將自己品牌做好、做優，讓品質達到一致性。所以麗珠說這是他們「管理的問題」。

⚇ 種出一片天

打拚十多年，終於有屬於自己的公司，算是小有成績，再做幾年，有年紀就要將經驗傳承下去了。

麗珠表示：「泰國治安不錯，但是節慶多，佛誕節、浴佛節、潑水節……很多節慶，工人動不動就放假。」

麗珠以前在臺灣公司曾擔任過會計，所以在泰國這間自己家的公司想必能駕輕就熟，負責些分級包裝、記事、出貨等帳務，她笑稱：「不是企業化公司，這多是流水帳，不難的。」如今在泰北湄公河畔，一者自己種，可以累績經驗，二者教人種，保證收購，聘請工人做，他們負責管理。

當詢問木瓜在泰國的銷路時，麗珠眞是總管，連行銷管道、木瓜的出路也掌握清楚，她表示：「一是工廠收購，木瓜可以製作成乾燥水果、果汁、糖果、餅乾等；二是給超商，此爲他們主要的通路，有人會去向他們農場收貨，這就不能太熟，有一點熟度就可以，要求較嚴，酌依個人需求，每一次收購略有不同；三是一般市場，多半需要的是立即可吃的，較熟的木瓜，剖開要紅黃而甜，這種品質才佳；四是仲介；五是零售商，長期配合較佳的商販，供貨較穩定。以上各種通路需要的木瓜，產品標準會有不同的需求。」

麗珠他們請工人，自己訓練，成本會大些，例如要勤於澆水，泰國的人工原本也是大問題，效率沒有臺灣好，人較懶散，在泰國自

己擔任指揮就好，如在臺灣較找不到人從事農務工作，例如：噴藥、灌溉、施肥、疏花疏果、採摘、分級包裝等種種工作，就得親自去做了。麗珠觀察到這嚴重現象，臺灣農業幾乎斷層，年輕人不愛好務農，幾乎只剩下老年人願意忙於農事。

麗珠夫妻在海外結識的友人也不少，喜廣結善緣，如段家壽校長是緬甸華僑，他有來臺讀書，2010年3月20日擔任泰北建華綜合高級中學第六任校長，目前已經退休，在華人村熱心泰北文教事務，曾帶學生參訪麗珠他們的木瓜農場。另外，他們在泰國也與當地教會有良性互動。

麗珠雖然已經當阿婆而有抱孫了，但想把握青春歲月尾巴，至今前往土耳其、美國、日本、新加坡、馬來西亞、韓國等處旅遊，樂於分享、經驗交流，生活有一種回甘的幸福感。

五人之全家福

💬 結語

　　游愛文於民國90年去泰國，距今（106年）已有16年了，由品種（種籽）管理，一開始在中部無契作，到泰北才推廣種木瓜，這地點產量也比以前在中部多好幾倍，長得也壯，速度也快，沖積平原有氾濫而成的礦物好土質，等到自己獨資經營時，2011年就找鍾麗珠協助幫忙，一棵木瓜能結實累累，約有上百棵，可見夫妻攜手同心努力，就能共創美好家園，甚至將臺灣農業的強項引入泰國，造就當地工作機會與促進經濟，又改善居民生活與提升收入，這是己利利人的事業，也是游先生夫婦帶動木瓜種植所發揮的功勞。這種堅持而執著的

幸福金句：能吃苦又善於觀察與讚美，必有勇氣追求幸福。

心路歷程，頗有為理想而擇善固執的客家硬頸精神。

麗珠常誇獎他先生很厲害，眼神中總放射著幸福光芒，令人羨慕。游先生對農業真的很在行，幾乎看過、摸過後就知道如何種植，臺灣及全世界都需要農業生產，如何有效運用土地、人力等真是大學問，這裡看得到科技與人文，感受得到身心均衡的重要。在此報導人生經歷的可貴處，她知道感恩，也樂於分享幸福給大家。

綜上可知，她先生不僅會種木瓜，也懂得種蓮霧，更會分享，可說是「農業福人」，在泰國奮鬥十多年，終於克服多種困難，成立自己的公司，真心替他們歡喜，祝福他們憑藉堅定的信念和熱情度過難關，千錘百鍊下擁有珍貴的智慧與勇氣挑戰未來。

麗珠夫妻在泰國奮鬥十多年，也會分享木瓜種植，他們是「農業福人」。

遠在泰國的麗珠夫妻努力耕作木瓜樹，一棵樹有百粒木瓜，令人羨慕。

麗珠目前生活雖然辛苦卻也很幸福，知道她對生活的詮釋很棒。

麗珠和她先生都很用心學習農業知識，所以排除萬難的在泰國剛成立了「游豪農業股份有限公司」。

chapter 3

綻放光亮的天使

愛在部落的彩虹天使 —— 沈湘馨

文／傅瓊儀　圖／沈湘馨

「一般人聽到孩子長年無法見到爸媽，心都會揪在一起，是憐憫；湘馨對這些孩子付出行動，這是愛。」

一趟山路來回五十公里，初上大一的沈湘馨偕同班上兩位同學騎著機車，到屏東縣三地門鄉青葉國小，在短短四十分鐘的早自習，向全校小學生用繪本故事進行生命教育活動，再騎回自己的學校上課。一開始青葉國小的校長、及負責老師認為十八歲的小女生哪能提供什麼能量給部落兒童？當時就連老天爺也在看笑話，就在湘馨第一次上山服務的途中，機車爆胎了；即便如此，湘馨當下仍毫不猶豫地坐上同伴的機車，展開了她十二年與偏鄉孩子的山坡奇緣……

這一切從2005年夏天入秋開始，當時就讀大仁科大一年級的沈湘馨看到天下雜誌召募偏鄉小學閱讀志工，憑著受過彩虹愛家生命教育協會完整十三堂課程培訓帶來的信心及喜愛孩子的心，她當下著手組了三人小隊報名參加閱讀志工，當下年紀尚輕的湘馨選擇了青葉國小。第一次到青葉國小面談服務內容時，校長對湘馨說明部落孩子大都來自單親家庭或隔代教養，不像一般多數家庭一樣有父母呵護及愛的陪伴，當時湘馨的心揪成一團，無法言語，於是在內心暗自立誓，要盡全力用自己的生命去陪伴這些幼小的生命。

💬 我所做的一切都是為了山上的孩子

「我的付出淬鍊了生命的視野與深度,更看見每個人生命的價值意義。」

接受採訪的湘馨一開口就說:「我所做的一切都是為了山上的孩子⋯⋯」她開始娓娓道來十二年前,她進入到三地門部落小學,看見很多偏鄉孩子因為從來沒有踏出部落,孤陋寡聞,再加上家庭功能薄弱,缺乏陪伴的孩子因為沒有文化刺激,他們的識字率很低,不但無法自行閱讀,甚至理解能力也不似平地孩子,導致學習效果甚差。初任偏鄉學校閱讀志工的湘馨,剛開始說故事、進行活動的時候,在語言溝通和文化差異就遇到很大的挑戰,繪本中出現一些普通常見的語彙或物品名稱,但她卻需要藉由照片來輔助說明,否則部落孩子會有鴨子聽雷的狀況。因此,她不再只是一位說故事的生命教育志工,她開始利用課餘時間,再度上山幫孩子課後輔導,加強課業學習,成為孩子口中的「湘馨老師」。

 幸福金句:透過一隻眼睛看見部落孩子的需要,因為看見需要,所以她在。

187

用生命陪生命，用愛祝福幼小的生命

　　2005年11月，湘馨面對著被導師轉介來的小女孩，小小，進入小學已兩個月，上課專注力低且仍不識全部的注音符號。湘馨心急地訂定課輔目標，要讓小小一堂課學會十個注音符號，但是，小小在學習過程中的心不在焉讓湘馨很挫折，此時她想起學校老師說過：「孩子願意在這時間與妳學習，比她放學後在部落閒晃來得好！」於是她放下目標，單單用心陪伴。有天下午……

湘馨看著小小可愛的稚氣臉龐，說：「別管注音符號了，妳現在想要做什麼？」
小小說：「我想要跑步。」
湘馨說：「那就去跑吧！」

　　小小遲疑了一會，興高采烈地開始跑操場一圈，沒多久跑回來之後，對湘馨說：「我可以學注音符號了！」又過了十分鐘，小小又開始恍神了，湘馨問她現在想做什麼，小小說：「我又想要跑步了……。」就這樣，一堂課，小小來來回回跑了三次，不知不覺，注音符號也認識了有十個，竟然比安安靜靜地坐在位子上所認識的注音還要多！從此以後，小小把湘馨視為像媽媽般的老師。

是什麼神奇的魔法，讓一個拒絕學習的孩子，願意開始打開書本呢？

小小不願意上學，是因為她有更重要的事情要做！她正在等，天天巴望著離家的媽媽會回來帶她走，帶她遠離只有六歲的她卻要扛起照顧肝炎爸爸的生活。在有一次母親節活動，小小在感恩卡片寫下：「為什麼別人都有爸爸媽媽照顧，我卻要照顧我的爸爸？」這句話讓湘馨紅了眼眶，從此以後，湘馨在每一次上山時，都再多一點時間、再多一點關懷、再多一點傾聽，陪伴著小小。

生命就在陪伴中不斷茁壯

有天下午，湘馨擔任國小圖書志工時，聽到小小因為羨慕幼兒園全班要下山去家樂福吃麥當勞，遭到幼兒的恥笑：「妳這麼大還沒去過家樂福喔？」當下湘馨聽到相當不捨，擔心自我價值低落的小小會受到打擊，但隨即卻聽到小小毫不遲疑用鏗鏘有力的聲音回應：「對阿，因為我們家很窮，所以沒有去過家樂福啊！」這時的她已經是國小五年級的學生了。

這句話震撼了湘馨，她知道從沒有自信的小小口中說出這句話，代表她已經有勇氣了，也有力量去面對自己、認識自己和接納自己的現狀！她很感動，碰巧那年湘馨即將從大學畢業，無法繼續陪伴小小，又知道她的生日快到了，於是和小小約定達到設定的學習目標，就可以到家樂福裡的麥當勞吃生日大餐，而小小真的做到了，也

 幸福金句：透過一隻眼睛看見部落孩子的需要，因為看見需要，所以她在。

如願以償過了個難忘的生日！
小小畢業前，湘馨安排他們畢
業班到臺北、桃園演出長達40
分鐘的聖誕音樂劇，小小竟然
主動提議擔綱主角，小小知道
自己中文不好，所以她很認眞
地一個字一個字閱讀劇本。透
過一而再、再而三不斷地練習，因爲翻閱過
度而前前後後共捏爛了三本複印的劇本，努
力地揣摩劇中角色，她終於自信地站上了舞
臺，而那個在舞臺上接受眾人目光與掌聲的
小小，她已經不是六年前那個注音符號不識
幾個、自卑害羞的小小了！

　　小小說：「湘馨老師，謝謝妳的陪伴帶
給我力量，我可以叫妳媽媽嗎？」

讓愛蔓延到山頭的另一邊

　　現任屏東縣原住民處長，時任青山國小主任伍麗華，邀請湘馨到
部落的另一邊青山國小，也爲青山的孩子用繪本活動進行生命教育課
程時，她本想婉拒，因爲她把全部心力都投注在青葉國小了，但當時
伍主任說：「全校當中能每天見到爸爸和媽媽的孩子只有個位數。」

讓同住在屏東的湘馨很難想像，她心想也許還能再多做一點。到了學校看見孩子們，同時還有一些腦麻、多重障礙等特殊孩子，讓她下定決心要更努力的釋出時間給孩子們。

有天，正在青山國小說故事的湘馨，發覺教室的角落有個孩子，身上發出不討喜的味道，故意惡作劇來搗亂課程，班上同學紛紛遠離不願意和他一起玩。湘馨知道這是個「討愛的孩子」，當時被稱為「一個人」。

「一個人」，八歲，沒有爸媽的他寄住在有慢性病的舅舅家，家裡無水無電，無人悉心照料，「一個人」不知如何打理生活和自己，每天早晨需替代役男到家帶去學校上課，他不但營養不良且頭髮稀疏，身體也因為不常洗澡而發出臭味，令人不訝異地，孤單的他常對人說：「我想要有朋友！」

於是，湘馨說完故事後，特地留下來陪陪「一個人」，聽他說話，聽他的願望。有次湘馨找機會對他說：「我可以感覺到你很喜歡我們，我們也很喜歡你，我希望下次你聽故事的時候身上可以乾淨的，我教你怎麼讓身體香香的……」生活缺乏規律作息而且自理能力缺乏的「一個人」，竟然開始用整潔的樣貌，準時出現在學校，這讓湘馨以及學校老師都相當驚喜。學校主任稱許湘馨的功勞，她謙虛地說：「我只是陪伴他，聽他說話，不批評他的想法而已。」殊不知，這就是孩子要的「禮物」。

 幸福金句：透過一隻眼睛看見部落孩子的需要，因為看見需要，所以她在。

191

聖誕奇蹟帶給孩子希望與幸福

　　當湘馨在青山、青葉兩個學校奔波時，她又有了新的想法，她想要把兩間小學的孩子都帶到山下的大舞臺，演出聖誕音樂劇──「愛玩聖誕夜」，這個想法讓孩子都瘋狂了，孩子為了能演出，個個遵守與學校老師的規定，以免喪失了演出的資格，無時無刻都在校園中哼唱聖誕劇的歌曲。湘馨自己導劇、募款籌錢、和大學生志工們著手製做服裝道具、設計活動流程、海報、文宣等。由於不眠不休地排演，常常待在山上到凌晨才慢慢下山，過程中更是幾度累到席地就睡，她淡淡地說：「我所做的一切都是為了孩子……」排演時，青山國小有三位特殊兒童，因為身體合併多重障礙而無法自立行走，老師本想讓

這三個孩子當觀眾就好，但湘馨一肩攬下為三位特殊孩子排劇的任務，排練的過程中，她看見週末到校練習的孩子會主動去幫助這些特殊孩子上下樓梯，她知道，這才是活生生跳脫繪本的生命教育。

（圖：湘馨和小妮）

有一位腦麻合併肢體障礙的女孩小妮，當時國小三年級，因為生理狀況讓她很沒有自信，在聖誕劇演出當晚，在大禮堂的聚光燈下，演出小羊的角色。結束時，她寫信給湘馨：「老師，謝謝妳讓我有機會站在舞臺上演出！我沒有想到我可以站在舞臺上表演！」而湘馨與這個女孩的緣分，在小妮大一時，正在念婚姻諮商研究所的湘馨，義務輔導小妮生涯規劃，誠如湘馨說的：「我輔修社工專業，攻讀諮商碩士，都是為了這些孩子，讓自己可以更專業的協助他們。」湘馨認為故事繪本已經無法滿足這些孩子的需要了，因此她必須強化自己的裝備，才能為這些孩子做更多的事！

⌣ 透過一隻眼睛看見部落孩子的需要

大學四年服務的步跡踏遍屏東三地門、綠島、金門、澎湖、蘭嶼，甚至遠赴泰北做志工，這樣一位用自己生命的力量，讓山上孩子

 幸福金句：透過一隻眼睛看見部落孩子的需要，因為看見需要，所以她在。

生命發光發亮的女孩兒，並非一路順遂……

　　國中畢業前的湘馨在一個平常也不過的早晨，因為眼睛進沙不舒服而揉眼睛，但這一揉也擰扭了她的人生。本來以為只是單純的眼角膜破皮，擦了診所藥膏就會逐漸好轉，怎知需被迫轉診到大醫院治療，恢復時醫生告知右眼角膜潰爛，傷口已經在右眼正中央留下白色的疤痕，從此以後，從右眼看出去的世界就像蓋上了一層紗，不但模糊的物體有雙影像，且看出去的影像無法對焦，而當時醫生宣告右眼連移植角膜也無法恢復的診斷，讓剛考上高中舞蹈班卻不得不休學而無法跳舞的湘馨，彷彿被宣判了死刑一般，「這是我第一次體會到失去的痛！」湘馨這麼說。

低谷不是永遠躲藏的地方……

　　有人這麼說：「神關起一扇門，祂將會為你開啟一扇窗。」就在湘馨休學的那一年，她參加了彩虹愛家生命教育協會的說故事培訓課程，湘馨說：「每個人都有低谷，但低谷卻不是永遠躲藏的地方……。」人生就是這麼奇妙，因為視障不得不放棄跳舞，因而遇見彩虹愛家，開啟了上山服務的旅程。「因為畏光，沿山公路沒有路燈，反而騎車很舒服，讓我感到很安全。」彷彿說明了這是一條為湘馨鋪設的人生道路。

　　生命教育課程培訓開展了大學四年的志工生涯，她也在畢業後進入了彩虹愛家生命教育協會工作，2009年的八八風災重創了屏東山

區，來自部落的需要再度召喚了湘馨。於是，她開始籌畫了八八風災兒童心理輔導重建工作，重新回到屏東縣山區，她擔任總召為孩子辦一場心靈重建營隊。2010年7月11日下午，湘馨在屏東做營隊最後的準備，她接到三軍總醫院的眼科醫生打電話來說：「沈小姐，現在有一個適合妳的眼角膜，妳是否可以立刻到臺北接受移植？」

滿腦子都是心靈輔導重建的湘馨回：「我正在屏東辦營隊，無法立刻走開，我可以再等下一次的角膜嗎？」掛了電話的湘馨立即回到營隊工作。「我把孩子的需求放在第一位。」回憶起這一段過程的湘馨說。

 幸福金句：透過一隻眼睛看見部落孩子的需要，因為看見需要，所以她在。

上帝的試煉？還是試探？

　　然而，湘馨萎縮的右眼因為長期沒有使用，在錯過移植角膜手術後，她的視力退化更明顯，她開始問自己，這是上帝的試煉，要她更堅強地面對人生的苦難？還是這是上天試探她當時沒有跟隨神的旨意？湘馨就像回到失去右眼視力的那個時候，黑暗中留著哀哭的眼淚，擦拭後強忍每一次在舞蹈教室會引起暈眩的旋轉，咬緊牙根用她堅韌的生命力維繫著最愛的舞蹈，現在的她也是如此，小心翼翼地為了維護她最愛的孩子，努力地活著。

　　2011年7月11日，來自醫院的電話再度響起，這次湘馨接受了眼角膜移植手術，等了整整一年，在同月同日她預約了重見這世界美好影像的手術。2017年接受訪問的湘馨回想起當時為了孩子做了放棄手術的決定，她肯定的說：「值得！」

　　「因為懂得失去的感覺，所以感同身受。」這是對湘馨的最佳詮釋。

把苦難化為祝福，在苦難經歷豐富

　　從少女時期開始陪伴偏遠山區的兒童，到如今一手牽著小女兒，後背著小兒子，已為人妻人母的湘馨仍持續服務著部落孩子，提供免費的心理諮詢。而她無私服務的基因，驅使著她將志願服務的足跡擴

大到新竹、臺南七股、學甲、玉井等偏遠地區。彩虹愛家聖誕音樂戲劇劇團的志工培訓、演出仍舊有她的身影，看到這麼有生命能量的湘馨，很難想像她曾經遭受右眼視障之苦。

生命教育對湘馨而言，是一個用生命陪伴生命的過程，並不是「教育」。陪小孩走一段生命的歷程，在陪伴的過程中，彼此都在學習。湘馨說：「我很單純想要陪著孩子。」一個單純陪伴的初衷，卻引發了許多小生命的蛻變，更號召了志同道合的大專志工投入原鄉服務。也許就像湘馨說的，她並沒有設想要改變任何一個孩子生命原來的樣貌，然而這些生命卻因為她而變得不一樣，找到自己的價值。

做一件讓世界更美麗的事

家中擁有一面裝滿繪本書牆的湘馨說，她自己所做的事情跟繪本「花婆婆」很相似。花婆婆每次散步的時候，就隨手撒下魯冰花的種子，到了隔年春天，原野上、山坡上、教堂、教室後面、空地上、石牆後面、公路兩旁，處處都開滿了美麗的魯冰花，可以讓許多人看見美麗的花。「我覺得每個人都可以做一件事情讓世界更美好，只是每個人做的事情都不一樣。」湘馨微笑地說。

 幸福金句：透過一隻眼睛看見部落孩子的需要，因為看見需要，所以她在。

屏東三地門山坡上的某間教室裡,沈
湘馨賣力地教著無法專心學習的孩
子。

沈湘馨停下自己的腳步,仔細傾聽孩
子心裡的聲音。

孩子不敢置信竟然有老師在上課時讓
自己去做想做的事!

心滿意足的孩子願意投入學習了!這
說明了生命在陪伴中茁壯。

撫慰人心的歡唱家 —— 陳建蘭

文／邱春美

有些歌，一唱就是一輩子。

　　每個人，從他牙牙學語那一刻起，也開始了歌唱的學習。出生於黑白電視年代的陳建蘭，兒時的回憶盡是從收音機、電視裡播放的布袋戲、歌仔戲、平劇、國語、臺語流行歌曲的樂音，各種類型的旋律與節奏，在她心湖激起不同的漣漪，也同時播下了「音樂是療癒良藥」的種子。人生路，她邊走邊唱，心裡的種子隨之發芽茁壯，終於在半百之年，有幸將興趣與音樂結合的工作，如願以歌傳愛，以聲結緣。

☺ 學習歌唱之歷程

　　能夠體會「學習是快樂」的人是幸福的。陳建蘭感恩小學音樂老師的啟蒙，在合唱團裡，這個小女孩開始磨練歌唱基本功，高中時則拜師，進行鋼琴與聲樂一對一的學習。美聲唱法適合演唱藝術歌曲，至於流行歌曲的詮釋包含滑音、轉音、抖音等技巧，也不忘向專業的老師請益。宇宙間的天籟，藉由各種樂器，不同的節奏，或經人聲展現，可以讓人聞之歡欣喜悅，也能平靜安心。成為歌唱教師後，有鑑於臺灣社會受到少子化、高齡化的衝擊日趨嚴重，遂於授課之餘，積極參與教育部提供之樂齡講師培訓課程，以其善用深入淺出的方式，陪伴長者快樂的學習。

　　可能是生長環境影響，自然會喜歡音樂，他的爸爸是從福建來臺的，會二胡、平劇、國劇，她是聽收音機，她媽媽是看歌仔戲，哥哥則是聽黑膠唱片，以聽音樂來說，她最受哥哥影響的是英文歌，

那時候覺得英文歌很好聽，因為當時臺灣普遍是比較悲情、悲苦的歌曲，聽到英文的歌聲唱法就比較歡樂，例如：那時候有些什麼Toni Michelle Braxton（唐妮・布蕾斯頓）那些唱的人快樂，看的人、聽的人也覺得快樂，所以對英文歌印象不錯，所以她從小對英文歌唱就有興趣。高中接近考大學的時候，鋼琴學得不好，起步比較慢，主修弱，副修鋼琴的話學費很高的，高中才買鋼琴，應付考試慢，基礎打的還不穩，術科不扎實，不是從小就學音樂的人，後來高中也沒有很認真的讀書，考上的是實踐三專家政科，那時是所謂的新娘學校，她小學是讀屏東附小，但是有參加合唱團，是合唱團團員，老師很會帶，也有參加一些全省的比賽，名次也很好。

建蘭表示：「在那個沒有手機的童年，鳳凰花瓣組合成一隻隻蝴蝶，每人書中一片彩蝶書籤，將美好回憶停駐在心田，幸運且幸福的我，自幼在充滿音樂的環境成長，平劇、歌仔戲、布袋戲、西洋，各種形態的曲風，挹注我內心喜愛音樂的能量，如今陪伴學生歌唱，他們一個個像是音符，譜成我的生命樂章，又有心聲，擦肩而過是緣；相戀相伴是緣，佛說『前生，你在我的眼睛裡；今生，你在我的牽掛裡；來生，你在我的血肉裡。』」

家庭之歡樂時光

十七歲時遇見真命天子，經歷十年愛情長跑之後，共組家庭。她先生是藝術工作者，擅長繪畫和攝影。一對兒女自幼跟著爸爸學畫、

陪著媽媽聽歌，耳濡目染的薰陶下，也很自然的喜愛藝術。兒子從國中時期開始玩樂器，學校畢業，進入社會，從事美工設計之餘，也組了一個三人樂團，喜歡演唱時和觀眾互動的感覺，遂以搞笑路線來定位，自娛也娛人。

她女兒畢業於音樂系聲樂組，正職之外也兼任婚禮樂團主唱。陳建蘭的人生觀：不求富貴榮華，只求以一己之力，分享美好音樂，期待快樂歌唱使人健康又平安。

陳老師她兒子送的母親節禮物，竟然是精選她的作品錄製為光碟送她，還寫感性文字如下：

我的熟女辣媽，這是妳出道的首張專輯，好好唱呀！真是晚了一點出道，但應該還來得及，今天是您的大日子。真是太感謝您啦！我會叫老爸少唸點，剛出道少唸一點～我會認真求學，妳就少在那裏擔心啦！正妹　　祝太后娘娘：萬歲萬歲！萬萬歲～～

母親節快樂～

2007.5.13帥哥兒子上

以上讓她感動許久，當然也典藏此珍貴的禮物。可見她的歡唱從影響自己及小孩開始，進而感染他人。筆者檢視她曾經演唱過的歌曲，例如有：〈向前走〉、〈博杯〉、〈淚光閃閃〉、〈珍惜〉、〈無言花〉、〈落雨聲〉、〈臺灣歌聲〉、〈情生意動〉、〈彩

虹〉、〈浮雲遊子〉、〈在我生命中的每一天〉、〈Radio的點歌心情〉、〈戲棚腳〉、〈Woman In Love〉、〈媽媽妳無對我說〉、〈祝福〉、〈一個人〉、〈無字天書〉、〈貪心〉、〈戀歌〉、〈Seven Lonely Days〉、〈秀蘭瑪雅的雨夜花〉、〈暝那會這呢長〉、〈記得我們有約〉、〈心情歌路〉、〈背影〉、〈風飛沙〉、〈我會等待你〉、〈爲了愛夢一生〉、〈解脫〉、〈你是我所有的回憶〉、〈上弦月〉、〈Stories〉、〈Sometimes Love Just Ain't Enough〉、〈A Man Without Love〉、〈リンゴ追分（蘋果花）〉、〈おふくろさん（媽媽）〉、〈幸せ（幸福）〉、〈命あたえて（你是我的生命）〉等，眞的是有多種語言歌曲。

陳老師有時候還會引用她先生的小語一起分享給大家，端看這些文字、語意都頗有特色，所以也摘錄部分以饗讀者，有：〈相遇〉、〈人生的路〉、〈說情事〉、〈鳳凰花開的六月〉、〈夏日戀情〉

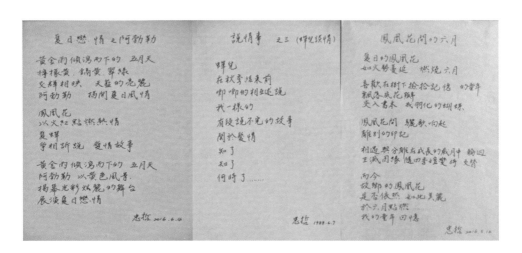

 幸福金句：歡唱能感染人心，也是最好的幸福與運動良方。

等，都是對大地有情、人們有意的性情小語，也可見她們的生活情趣面。

⌣ 樂齡教學

養兵千日，用兵一時。唱了幾十年的歌，磨了數十載的功，終於在年近半百的歲數時，有了發揮的機會。從救國團、勞工大學、社區才藝班到長青學苑。陳建蘭把握每一次與學生相處的時光，將數十年來唱歌的心得與學會的技巧，傾囊相授。由於學員的年齡，平均高於六十，教師的角色需偏重於陪伴學習，除了引導學生盡情歡唱，更需要對學生們多傾聽、多關心，和他們培養教學相長、亦師亦友的情感。

這些學員們都很疼她，所以有時她也跟學員說：「我家裡有卡拉OK伴唱機，可以介紹同學認識。」也是更進一步的了解與分享，他們在各行業都有他們的專長，曾經有志工在學苑，就順便租遊覽車去墾丁，安排行程等，就有一日遊，甚至有一次二日遊，他們就可以跟同學比較有深入的感情交流，平常的上課是來去匆匆，透過這樣的活動，唱歌是比較能夠有聯誼，他們來的時候也是跟他們說，可以簡單的帶水果、包子等就來唱，這是很好的一種情感交流，她住屏東市，雖然墾丁也在屏東，但是他們一班都少去，覺得很近也很少去，參加共同的活動可以增溫情感，有些同學帶整個家庭成員一起走出去，這樣是學習也是一種交友，比較不會有憂鬱症，老人家獨處是比較不好的，有些人是喜歡當學生的感覺，她週一到週五有不同的課程來學一

些新的東西，聽寫音樂等等，她建議趁身體狀況還不錯就多走出來，讓她等於是與學生同歡唱，一邊也聊天，平淡中也有平淡中的幸福，這是她覺得的「平淡中的幸福」。

2011年參加義大世界美國月英文歌唱比賽

開心領取冠軍獎盃

母親節前夕為媽媽洗腳活動全家福照

背景為兒子的牆壁彩繪

參加二胡班在高雄火車站前快閃演出

貼心的兒子為媽媽製作個人CD

幸福金句：歡唱能感染人心，也是最好的幸福與運動良方。

以「開心學習、越唱越健康」作為教學宗旨

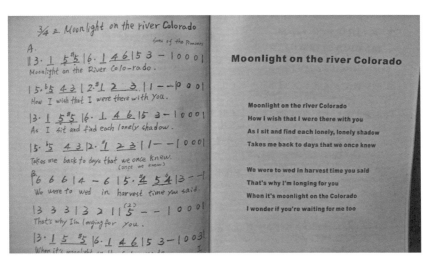

自己寫譜、深入淺出

期末成果展、師生賣力演出

 幸福金句：歡唱能感染人心，也是最好的幸福與運動良方。

英語歌唱班～陳建蘭老師及同學

男帥女美、年齡只是個數字

一起到郊外走走，身心靈好輕鬆

　　她的生活點滴幾乎離不開歡唱，無論是本身、學生或孩子、家庭內或出遊在外，都以歡唱來享受人生，例如上圖是大風雨，她和學生也表示：「管他外面豪大雨，我們還是要開心唱歌。」這些是她潮州歌唱班的學生喔！倒是英文歌唱班真的有你「當我們童在一起」的同學耶！歡唱玩樂在一起，就是她最美好而幸福的人生。

享受生命

　　唱歌的好處頗多，除了藝術的價值之外，唱歌還具有很大的健康價值，它不僅能讓人心情愉快，還能增強人們身體的免疫力，是讓人保持身心健康的一劑「天然良藥」。經醫學研究，透過釋放賀爾蒙，增強免疫功能，訓練神經通路，唱歌能夠釋放悲傷，讓人情緒變好的

良方。所以筆者很推廣這項幸福工程。茲摘錄陳建蘭於臉書105年7月發表或分享的部分心情小語，彙整如下：

● 夢想驅使人們付諸行動，或得疼愛或受傷痛，無論如何，逐夢力行就是成功。（7/21）

● 人生滋味千百樣，苦也品樂也嚐，酸甜苦辣入口……，等回甘。（7/20）

● 我願是一抹彩虹，換得你一臉笑容，懷感動消失無蹤。（7/19）

● 世界如此寬，何妨去闖蕩，他鄉作故鄉，人生不渺茫。（7/18）

● 生命，過一日，少一天，分分秒秒，事事物物，都值得好好感恩珍惜。（7/17）

● 欣慰我兒，以興趣為工作，敬業樂群善緣多。（7/17）

● 蘆葦花，遙曳在春風中，女人花，懷心事誰能懂。（7/16）

● 〈心情歌路〉：放下，放鬆使我們身心健康，放下使我們離開痛苦，走出失落，如大海寬闊的胸襟。（7/6）

● 〈背影〉：塵爆意外，至今一年了，人生求什麼，平凡、平淡、平安最最珍貴，「如果早知道；今晚你匆匆出門的背影；就是我此生此世伸手不及的縈繞。親愛的，我會怎樣跪下來；親吻你踩過的每一寸泥土。」這是龍應台，為塵爆意外寫下的詩篇其中的一段，人生之苦，苦在於太短、太多無常，要記得平凡的日子才是最珍貴的啊！（7/6）

- 〈風飛沙〉：夕陽西下，長日將盡，思鄉之情，佔滿我心，有家不回，有鄉難歸，遊子情懷，以歌抒解。（7/5）

- 〈我會等待你〉這首歌，獻給少年時期的同學滿書雯，離開學校數十年後，意外的在螢幕上看到，妳和樂師老公，為首次參加選秀賽已拼搏至最後，爭取冠軍的女兒加油的畫面，真是溫馨又感人，在學校都不知道妳有一副好歌喉，竟然還當起駐唱歌手來了，如今妳羽化成天使了，在天堂裡，依然要繼續唱歌喔。（7/4）

- 基於對人、事、物的喜愛，我們會等一個人，以信仰為依歸，購買安身立命的房子，如果確定，這些是生命中必要的元素，就積極理智的去爭取，築夢踏實，才是夢想的真義。（7/3）

- 一心只想著趕路，錯過多少人生美景，我們渾然不知。（7/2）

- 愛若讓人成長，別怕分手的傷，天空如此遼闊，手放開心自由。（7/2）

- 你是我所有的回憶，我……有點佩服自己，敢於挑戰的勇氣。（7/2）

- 祝福我的親朋好友們，無論大家身在何處，你們永遠有我的祝福。（7/1）

- 故事……，有開始就有結束，用心感受過程中的每一刻，那即是人生的藝術。（7/1）

- 人啊，是否總要在經歷情傷之後，才會想起，媽媽曾經告誡過的話。（7/14）

 幸福金句：歡唱能感染人心，也是最好的幸福與運動良方。

●人生在世，稱職的扮演各種角色，自在的做自己，最是幸福。
（7/13）

●分娩的痛媽咪可以忍，只盼日後孩兒別讓媽咪苦。（7/13）

●祝福我兒，平安健康、事事順心，祝福自己平靜平淡、智慧入心。
（7/12）

●人類是群居的動物，我們總喜歡有人為伴，害怕一個人的孤單，人
與人也許因血緣、相愛、傳統、承諾……等因素，而結伴在一起，
若有朝一日因某些理由，你只能一個人生活，別難過、別執著，拋
開依賴、自由自在，一個人的境界，其實也可以很美。（7/11）

●人生中的雜陳百味，不妨帶著愉快心情去體會，生命是一本無字天
書，用心閱讀感受隨喜處處。（7/10）

●往昔所造諸惡業，皆由無始貪瞋痴，從身語意之所生，今在佛前求
懺悔。（7/10）

●〈暝那會這呢長〉，風雨陰晴無定向，一切終將成過往，心胸寬闊
自豁達，陰霾消散無牽掛。（7/7）

　　如上條分縷析後，略可知她熱愛歌唱，受歌唱影響頗深，以臉書
的經營為例，她視為每日的功課，多半在期許她自己每天唱一首歌傳
上去，她笑稱雖然有些是破音也無妨，就是鼓勵學員要練習，自我練
習以求增加技巧，想說老師都每天練習，那麼學生更需要啊！只是這
樣的一種鼓勵，鼓勵人家打起精神上班，是正能量的幸福力量，音樂

的力量也可發揮到極大,她是從Google查一些善知識,有些詞語或文字不錯的,也會引用來分享在那裡,她也會分享她先生李忠哲老師十年前就有看一些佛書、拉手筋運動等,有些相應的一些修行,就是修正自己的言行,有時也看一些笑話來改變自己的教學,攝影師兼畫家的李老師會覺得正規教學困難,那就找一些改變自己的心境。

人生是要朝善知識、教化正向邁進,雖然辛苦工作,她覺得長青學苑多半是比較年長的學員,對老師還有尊師重道的心,不像一般現在年輕學生就比較沒有這樣的態度,有時候呢,聽一聽同學說時下年輕人不太受教,搞不好還會投訴老師,讓教學變成受氣,所以要從這些信仰面紓解,整個社會環境的氛圍多如此,相形之下,幸福、善知識、正能量等更重要,更需要大家互相影響,導正久之而自然能讓人人洋溢幸福。

結語

人生難得來一遭,若想不受貪、瞋、癡、慢、疑之苦,就要朝著善知識,教化正向邁進,在整個社會環境的氛圍不如大眾預期的現今,傳遞幸福,善知識和正能量就顯得重要,更需要大家互相影響,導正,久之而後,自然能讓人洋溢幸福。

幸福——到達幸福的路有兩條,一條是願望實現,一條是願望拋棄,放下,心自在。幸福,有時近在眼前,有時遠在天邊,無論追求的幸福,來或不來,成熟的我們,終能微笑面對。

 幸福金句:歡唱能感染人心,也是最好的幸福與運動良方。

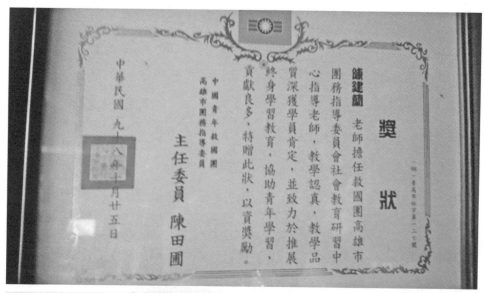

一家人同臺演出，最是幸福

筆者和陳建蘭老師合影

建蘭自幼在充滿音樂的環境成長，平劇、歌仔戲、布袋戲、西洋，各種形態的曲風，挹注內心喜愛音樂的能量。

陳老師她兒子送的母親節禮物，竟然是精選她的作品錄製為光碟送她，還寫感性文字。

她能與學生同歡唱，情感交流，這是她覺得的「平淡中的幸福」。

以臉書的經營為例，她視為每日的功課，多半在期許她自己每天唱一首歌傳上去，自我練習以求增加技巧啊！

毛小孩的照護天使——林招吟

文／邱春美

擔任過大學藝術中心、現任服務學習中心、諮商中心主任，林主任成立流浪動物社（仁犬服務社），一般在學校裡面是把狗趕出去的，但在大仁大愛的校園是反其道而行，是在校園裡把它蓋起來，她從自己本身做起，再推廣到校園、社會，她認為這是教育的責任。目前在校園裡面已經小有名氣，身為流浪動物天使的她，認為從護生、救生、放生，這是辛苦的一條龍作業，你想知道嗎？

☺ 由不忍心出發

　　林主任這位天使在面對有些動物有被救援到，就會有得到很多happy，有些得知被不當的飼養而死亡時，就會比較痛苦，一般來講，她認為此志業是把生命從無到有，可以是讓人心情愉快的付出，雖然是犧牲的工作，也能甘之如飴。一般學術的研究，結束就是捨棄掉，但她非常認真在這個層面，也帶學生成立社團，就如此秉持「一念」之仁，集「眾願」做事。

案例一

　　回顧起來，因為校狗得了狗瘟，在毫無頭緒的情況下，林主任

以身爲海濤法師慈悲志業志工的身分，就近找到鹽埔鄉的護生園協助處理，感激之餘，思考如何回饋狗園和護生協會。因此促使林主任成立了仁犬服務社，決定以她個人力量結合學生的力量，眞正爲護生協會做點事情。她表示：「護生園裡有七百多隻狗，兩百多隻貓，我要盡量幫助牠們找到認養的主人，基本上我一個人力量是不夠的，不是我一個人的功德，但是要結合學生的話，要讓這些大學生得到什麼樣的生命教育結合在一起，進而回饋給狗園是我要考慮周詳的。」林主任不斷的思考著。最後她想到：「大學生電腦都很好，所以我一開始要求他們幫我在電腦上做認養，可惜做了一陣子發現效果並不好，於是自己發心，自己找地方，把狗狗帶出去，多年來，每周六日，由我領隊，護生園師兄開車，帶著學生和義工媽媽們把狗兒帶出去等人認養，年復一年團隊的學生一直換，但是我不曾換過。」三言兩語聽似簡單，做起來並不容易，爲了小動物犧牲了每個周末假期，蹲在路邊做認養活動，就是不容易的認養活動之實際過程。

案例二

　　林主任表示：「認養最難之處在於把關，一次，我依例帶貓狗出去擺攤認養，兩個學生跟著我，有個女的想認養狗，我審視及談話後覺得不可把狗給她，結果她便惱羞成怒破口大罵，罵了約一個鐘頭，弄到路人駐足、學生害怕、認養率超差。」原來林主任的愛心認養活動中，最重要的任務在於嚴謹的把關，所謂的「免費認養」絕不是無

條件認養，要認養小動物的人要選可愛、喜歡的狗，把關的人也要選擇值得信任、值得交付的人。林主任認為：「我們跟小動物保證：你從協會走出去，一定比待在狗園裡幸福。」

😶 愛護動物之表現

校務之餘，平時她多進行救援、收養、協尋、照護等工作，筆者只要隨意搜尋網路，約看個十天就有一堆資訊，不容筆者多贅言，僅擷取整理部分，舉以下近況供大家參閱便知一二。其實，看她的臉書可以發現幾乎天天為動物們辛勞，忙得不可開交，尤其是特殊情況會更忙。

這些流浪貓狗動物可能因主人照顧不善、被棄養或車禍等因素，被發現時有時都好虛弱、好瘦小，林主任會結合學生與社會大眾的力量一起來照料。

1. 救援
案例一

她曾到內埔墳墓成功救援五隻剛開眼的小貓，牠被丟在這種地方，原主人可能是不希望被人看到，任由牠們自生自滅？但偏偏還是被救了！生死天定，豈能如惡人意？林主任表示：「我來搭起這座橋樑，讓小貓兒牠們來到人世間～走一遭，被丟在山地門路邊的五隻未開眼小幼貓，兩隻往生，剩下的只有巴掌大的寶寶，努力喝奶，活下

來〜足見生命力強。」

此時可看到網友回應，例如有表示「聖經裡說：沒有什麼是可以隱藏的，總會顯明。感謝主！」

案例二

救援三隻小虎貓，一個月的小虎斑被丟路旁，其中有一隻頭部有很大的撕裂傷，化膿有蛆，頭蓋骨已經外露，不知是如何受傷？被打？被咬？幸虧林主任獲報後費心搶救，有民眾回應如「感恩活菩薩救援〜南無阿彌陀佛」。

案例三

平時事項就多，特殊時候如天災來臨就狀況特多。105年7月初的颱風天（尼伯特），林主任趕去萬巒救出捕獸夾下的貓兩隻，搶救成功。因為接一訊息，有斷腿貓在萬巒，已經幾天了，通報人沒有能力送醫，而且之後也無法收編……，她表示：「我遲疑了……因為昨天剛救援一隻颱風犬，之前的醫療費還欠著，術後原放又太可憐，我又得收編……，但是又掛心骨折的貓，腿斷多痛啊！還是硬著頭皮接手下來。」

觀看網友回應如：「也對，說真的，毛孩差在不會說話，其他的比我們人還高（可能指智商）。」訊息傳出後也仍有贊助者如陳姿穎、許清峰，顯然林主任努力之外，都獲得網友互相串連、協助，不論是金錢、物資或人力。當時黑貓目測五、六個月，皮包骨，很瘦小，後來檢查所知：前腳受傷，腫得有兩倍大，蜂窩性組織炎嚴重，身體虛弱，血壓很低，醫師說

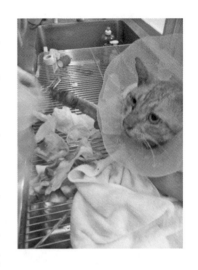

盡量救牠的腳，先治療看看。而另一隻黃貓是成貓，腳掌夾斷一半，血肉模糊，當她知道醫師說要盡力保留牠的腳，不用截肢時，她當下覺得真的太感激了！還一直幫毛小孩打氣，直呼「加油！孩子～」，可見她將這些動物當成自己的小孩在看待。

案例四

　　7月9日又去救援颱風受難犬，因為跌入大排，奄奄一息，林主任表示：「這隻狗跌入新園大排，第一現場我沒看到，被消防隊撈起，送往收容所途中，我攔截下來～但是生命跡象相當微弱，全身髒臭到噁心，全身除蟲、洗澡，做了一連串檢

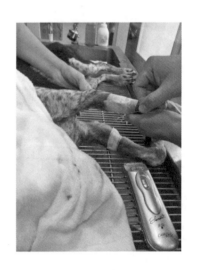

查，不清楚X光能救得回來否？只能一試……」她一人付出外，也有許多援力，所以有看到留言如：「謝謝邱聖文開車來搬載」、「水精靈妳好，麻煩帳號，幫點小小忙！」例如有蘇貝貝標示要贊助如Anny Chen、陳小姐，可見受到她感動，互相影響熱心善心人士頗多。

可見，著眼於生命的可貴，是不分貴賤、沒有優劣之分的，即使是一隻小狗也有牠的生存權。「仁犬服務社」的成立就是為服務流浪狗而存在，為爭取校園流浪動物生命的尊嚴及生存權益而努力。林主任她常對學生說：「不要以為是我們在幫助狗狗，其實是牠們啟發我們的靈敏心與慈悲心；也不要認為自己喜歡狗狗、照顧流浪狗就比別人有愛心，必須傾聽校園內其他聲音、學習多元尊重。」

仁犬服務社的社團宗旨是：「尊重生命，愛惜動物」，林主任和社長都呼籲大家：養了小動物就要用愛心照顧牠們，不要任意棄養。如果要養狗，最好以認養代替購買，給流浪狗一個家，可以免除小狗四處流浪或被撲殺的悲慘命運，讓牠們少受一些傷害。據悉社員自動排班，為校內的流浪犬洗澡、餵食，社員們的愛心與耐心，以尊重生命的態度對待失家動物，是很好的生命教育，這就是要師生一同來重視流浪動物的保護工作。

2. 收養

案例一

從屏東市收回的這窩母帶子，個個美人，母親尤其親近人、很會撒嬌，牠從小就被關在路邊的鐵籠，生育過三、四胎，林主任剛接手時非常瘦，連帶四隻小貓也營養不良，個個生病流鼻涕。貓媽媽食量非常驚人，她餐餐餵好料幫牠補身增肥，已經漂亮起來，小貓也漸漸健康起來了！

網友回應：「主任您好，妳照顧這麼多貓有需要貓籠嗎？我有個九成新的，貓不需要用了，妳需要我就送妳哦。」另一網友又回應道：「喵喵目前在我這裡先照顧，林主任要我載去楠梓，下星期才會載去，希望能給牠一個幸福的家。」可見網友們幾乎天天互動、關切地聯繫。

案例二

屏東多半是大熱天，林主任在公園或樹蔭下辦理流浪動物免費認養會，有放些動物的照片，網友看了還會回應，例如有寫到：「牠

們看起來很熱，每個人抱一瓶冰、好貼心，我還以為熱昏睡倒了」、「長大了，還是很愛睡畚斗」、「叫人心疼的小可愛」之類，網友間回應就是加油打氣，「感謝幫忙醫療，中途的好友謝謝你們……」，甚至有寫黃○滿、Cissy Cho、高○鳳等實質奉獻之數字，但重點在毛小孩的醫療或代養。

案例三

　　由林主任臉書訊息傳遞觀察，也有特殊現象，例如一個月虎斑～免費認養（屏東）驅蟲，預防針第一劑畢，養護得好些時，會上網傳出免費認養，可以送達（屏東），後來也會看到有人回覆，例如巫森表示「我想認養」之類。

3. 協尋

案例一

　　有時林主任也急傳資訊於網站，協助流浪動物找臨時住宿中途

之家，照顧老娃娃，有些是明白
標示：「可以付費」（狗在屏
東），有些是自由認養。

案例二

　　有個好友罹病，需進出醫院
治療，心心念念從飼養小吉至今
已經12歲，想找愛狗人士幫忙，
在入院時照顧牠。小吉只有1.8
公斤，不會吵鬧，但十分挑嘴，
只吃碎肉，主人心想寵物住宿或
許不能盡力照顧，希望有愛狗家
庭幫忙～

案例三

　　若一有消息，網友也會立
即回應寫說：「找到了，謝謝大
家」、「加油孩子，南無阿彌陀
佛，感恩主任，謝謝幫忙」，可看到陳○穎寫下分享。這些代為協
尋，頗為常見，例如她在網站也會出現如「我需要你／妳們幫我分享
協尋文。」有時也將協尋海報上傳，網站就會出現類似「如果你／

妳有看到牠（朗朗）的行蹤，各位朋友……」她也熱心協力他人的傳文。

案例四

　　實際上，現場認養效果是好的，因為當人們親眼見到可愛的小動物，就會比較直接願意認養，但是認養原來屬於擺攤行為，叫做公益攤販，一樣有被趕的危機、有時牽涉路權、不時被管理單位質疑，但是林主任認為面臨認養人的問題才是較大的困難，他們所面對的，不只是有愛動物的善心人，還必須同時面對不明事理的人來擾亂或批評，有時也有酒醉的人來鬧事，還有流氓來搶動物等等意想不到問題。所以難免會有感動、憤怒、友善與惡意等情緒。「流浪狗不值錢，就請你自己去揀、去抓吧！」林主任有時必須無奈的對著一些無賴拒絕，而且每送出去一隻小動物，林主任一定會囑咐對方：「有朝一日不能養了，不管小動物年紀多大，你都可以退還給我。」所以林主任把領養的登記做得很完整，她的電話號碼決定永不更換，這樣領養的人隨時有問題才找得到她。

4. 照護
案例一

　　林主任也會去探訪，了解實際領養情形，曾有發現如下：不當飼養～狗被綁在毫無遮蔽的戶外，風吹、日曬、雨淋，吃的東西更不

用說，骯髒噁心，屏東天氣動不動就超過35度，叫狗兒如何度日？颱風要來了，令人坐立不安。這幾天附近鄰居一直聽狗整日整日的哀鳴，於心不忍，因為太熱了，毫無遮蔽，無處可逃⋯⋯ 牠竟是一隻哈士奇，這樣對待牠？」此訊息傳出後，後來有發布如「很親人，很年輕～哈士奇已經帶回安置。」另有留言「有誰可以給牠不一樣的後半輩子嗎？」

案例二

105年7月9日林主任在臉書出現有：「屏東鹽埔，母帶子十+一功德圓滿～～5月25日通報至今，我為這十隻醜不拉機的小幼犬傷透腦筋，感謝菩薩保佑，經眾人之力孩子們已經有家可歸。感謝Crystal Huang提供中途費，安置五隻母幼犬，解決我最大安置困難～謝謝中途S Wen Weng，如果不是妳盡心的照顧，這些狀況極差的孩子怎能變美變壯～五隻公小幼送認養會中認養，謝謝張玟鈺居中幫忙，我實在太忙了」！後來，看到有新的陳述：「謝謝玟鈺及管世婷接棒送五孩上臺東新家，並且日後幫我追蹤結紮～謝謝當地愛媽陳亭伶餵食TNR的母狗，原地有四隻，離車道尚遠，環境還可以。後續有看到：二母十小，經我救援已經圓滿，但一路上備受辛苦，一隻沒有結紮的流浪犬，要讓多少人受折磨？TNVR的重要性不容小覷，這是源頭啊～最後謝謝臺東認養人，祝您一家人雞狗貓和樂融融，感激老天安排，菩薩成全，孩子們願你們平安長大，快樂無憂。」

案例三

　　因為屏東夏天真的熱壞人，連動物也不例外，從網站有看見因為「天氣太熱，一不小心，小幼就生病了！」送院後，傳訊息說：晚上醫生打來，明天可以接出院了！所以團體們看到後也有直呼「阿彌陀佛」或如釋重負地稱道「太好了」！

　　為了讓狗好眠，從網路可以知道他們還曾想辦法自製安眠冰涼枕，將整罐結冰的水放在內，動手自製安眠冰涼枕，讓動物能在大熱天解解熱，讓狗狗可以安穩休養或睡覺。

💬 仁心影響人心

　　以上這些工作看得出來是永續經營的，幾乎人人有錢出錢、有力出力、花時間、體力等去忙碌，只為了動物的幸福，人類雖為萬物之

靈，但與周遭環境是環環相扣的，愛護他人就是自愛、愛人的表現。

1. 校園施工建蓋仁犬宿舍

　　林主任所為、所言、所存的這些三好，有形無形中也影響學生，盼這類工作也能有所傳承。

　　鹽埔落單小幼，林主任表示：「其實我很不喜歡學校的學生撿狗來給我，因為養成他們是半手愛心，毫無意義～」這時候，我通常會很嚴厲的先拒絕，問他們為這隻狗能夠做什麼？學生沒錢，不能養，這可以理解，但上網求援，稍稍短暫安置，跑腿、洗澡、詢問，可以做的還是很多，既然有心要救，盡自己可行力量，對我來說才可貴，才能打動我去接手或救援……話說這隻可愛的妹妹（可可），在學生宿舍附近流浪，有天一大早學生打來，氣極敗壞說：「他從一個似神經病手裡，大吵大鬧搶回來，剛好四年級要畢業也要搬家，抱著可可趕快走人，只是可可要快找安置。」

　　林主任問他為什麼知道打給我，還灌了迷湯說：「因為您是全校最有愛心的老師……就因為如此嘴甜地提出要求，一個月的小幼幼，母，目前暫時寄放在屏東市哈囉寵物店，後來也發出認

養資訊，不久也看到「已經認養，謝謝分享」。

　　愛狗的人很多，許多感人的愛狗故事常常默默地在社會各角落中感動著你我，屏東鹽埔狗園與大仁科技大學的林招吟老師多年來合作，於每週六、日在屏東市區奉天宮或SOGO百貨前廣場，藉由戶外學習方式帶領學生舉辦狗狗領養活動，每次活動結束，都會有幾隻狗狗幸運的找到新的主人，這些是屏東家喻戶曉、茶餘飯後的溫馨小品，但是人們總是看到表面的狀況，卻不知背後有許多感人的故事。因為愛動物的她，看到那麼多無依無靠的小動物，便自動拿食物餵養，不久學校的狗越來越多，便開始定期餵養、幫牠們戴項圈、洗澡、甚至於做結紮等等工作，逐漸校內的人視牠們為校狗。

　　他們稱這些動物為「毛孩」，就知道將動物們視為小孩看待，她帶領仁犬服務社學生努力近十年的成果被看見，所以大學校方仁犬宿舍已為此施工，她很感謝學校花錢蓋狗舍，雖然仁犬都趴趴走，但有個屋子讓老狗、病狗安置，偶爾外賓來或評鑑需要關狗時，總有去處～林主任很感恩！

　　此時可以發現網友回應熱烈，例如有：「太有愛了～」、「給總務長師生們數不完的讚」。又如有民眾提及「最好的生命教育」，也有聲音是說：「希望臺灣也有更多的教育機構可以跟貴校一樣尊重愛護生命。」

大仁有愛、仁犬幸福

2. 縣政府特頒發專任動物保護員

　　林主任是屏東第一位「專任動物保護員」，104年12月18日縣政府頒予證書（屏府農防字第10430772500號）以協助相關動物保護工作，得出入動物比賽、宰殺、繁殖、買賣、寄養、展示及其他營業場所、訓練、動物科學應用場所、稽查、取締違反本法規定之有關事項」，由屏東縣政府的函文說明中，顯見林主任此項義務工作已獲多方肯定。

屏東縣政府　函

地址：900屏東市民學路58巷23號
電話：08-7224109
傳真：08-7224432

檔　號：
保存年限：

907
屏東縣鹽埔鄉維新路20號
受文者：大仁科技大學　林招吟君

發文日期：中華民國104年12月18日
發文字號：屏府農防字第10430772500號
速別：普通件
密等及解密條件或保密期限：
附件：

主旨：台端申請專任動物保護員乙案，經審核與動物保護法規定相符，本府茲聘任台端為義務動物保護員一職，並頒發證書乙張（屏縣畜防志第0001號）以協助本縣府執行動物保護稽查工作，請　查照。

說明：

一、復　台端104年12月18日申請書。

二、台端擔任義務動物保護員係依據動物保護法第23條規定設立、得出入動物比賽、宰殺、繁殖、買賣、寄養、展示及其他營業場所、訓練、動物科學應用場所，稽查、取締違反本法規定之有關事項。

三、動物保護檢查員於執行職務時，應出示有關執行職務之證明文件或顯示足資辨別之標誌；必要時，得請警察人員協助。

四、本聘書聘任時間為104年12月19日至105年12月18日止。

正本：大仁科技大學　林招吟君
副本：屏東縣家畜疾病防治所

縣長　潘孟安

本案依分層負責規定授權業務主管決行

第1頁，共1頁

幸福金句：你給牠一點愛，牠給你「牠的全部」。　　　　　233

⦿ 結語

　　她的幸福是什麼？可以發現很簡單，例如林主任曾表示：「真好～一大早上班，狗在門口等著，就是我的幸福。」其他網友也回應道：「狗是最忠心的朋友。」「有忠犬守候的感覺是很棒的！」「一天幸福的開始。」網路上也有用擬人口吻留言，如「仁犬是在等哥哥姐姐，為何要放暑假？以前上課時最愛和他們打招呼了」，假日班學生比較沒那麼多，他們更會跟著走來走去的，諸如此類，可感受到在她能看到動物們幸福就是他們的幸福，心中洋溢。

　　筆者從影片〈衣櫃裡的貓〉可知動物對人有一定的療癒效果。現在社會高壓下，許多人患有憂鬱、躁鬱等問題，有些可能傷人或傷

己，是不定時炸彈，例如動物有導盲犬、狗醫生可以協助人、撫慰心靈、療癒等服務，更是人類的陪伴夥伴，值得持平地以公益與感恩心看待之，讓人感受生命的溫度。

她從自己本身做起，再推廣到校園、社會，她認為這是教育的責任，所以也在校成立流浪動物社（仁犬服務社）。

這些流浪貓狗動物可能因主人照顧不善被棄養或車禍等因素，有時被發現時都好虛弱、好瘦小。

許多感人的愛狗故事常常默默地在社會各角落中感動著你我。

她的義務工作已獲多方肯定，讓她可以協助相關動物保護工作。

金甌

人間佛教的高貴行者

文／李虹叡

💬 嘉義移民的第二代

　　大武山的晨曦，從屏東講堂的金瓦上撒下溫煦的光，80歲的金甌，輕手輕腳打亮廊下的一盞燈，一天就開始了。

　　金甌是土生土長道地的屏東人。屏東開發之初，來自澎湖、嘉義、臺南的移民，以當時的阿緱驛站為中心，除了各自形成聚落發展定居，也把原鄉的廟宇帶來屏東，形成屏東地區多元的廟宇文化。金甌的父母，就是來自嘉義縣布袋鎮的移民，定居到屏東大埔之後，屏東成了金甌的家，遙遠的嘉義，成了異鄉。

　　林金甌24歲的時候，結識了在岡山服役的先生，婚後生了五個孩子，一男四女，如今各自成家，開枝散葉。金甌相信兒孫自有兒孫福，從不多加心思操煩子孫之事，而是將自己的生活重心，置放在佛光山的屏東講堂。

　　每天，早晨五點，金甌從家裡騎摩托車來到講堂，一整天就待在講堂裡，給花草澆水，收拾垃圾，整理環境。天亮以後，信眾陸續來臨，金甌接受師父的指派，協助打點種種庶務，另外也接受分會會長的請託，參加各種的義工，包括：助念、行堂、典座、房務，甚至各項的研習或者讀書會，金甌都熱忱參與；或者遇到

修剪花木，莊嚴道場

有人讚嘆，金甌直心直言，說：「都是一些瑣碎的小事，沒有什麼了不起。」但與金甌細聊，她會說：「我80歲了，這些瑣碎的小事，此時不做，更待何時？」瑣碎的小事，金甌勤懇踏實把每一件小事做好，在小事之中，吐納觀察自己的呼吸，也在呼吸之間，把「阿彌陀佛」四個字老老實實念入自己的心中。「可以健康的呼吸，是一種幸福。」金甌說：「有清楚的頭殼知道自己在呼吸，更是一種幸福。」

金甌說起她學佛的因緣，從遙遠的民國74年開始說起。那時候，她在市場賣水果。每天清晨三四點，就要忙著款貨開市。有一天，她的攤位鄰居阿市姐問她：「妳今天收市後要幹什麼？」金甌想想，沒有什麼答案；阿市姐說：「今天我收市以後，要去佛光山拜大悲懺，妳要不要跟我去？」金歐說：「佛光山喔？」阿市姊炯炯的眼睛看著他，金甌想起曾經坐車經過一個地方，路邊的山腰上，有個大佛的一隻大手，就在半空中，好像在迎接來人……那是佛光山嗎？

金甌想跟阿市姐去佛光山，於是阿市姊吩咐金甌，差不多六點半就收市，因為收市以後還要轉好幾趟公車，才能到達佛光山。七點不到，金甌就完成收市了。拿著一個布兜包，跟著阿市姐，兩人跑步前往逢甲路上的屏東省公路。阿市姊說：車子經過高屏大橋以後，就要特別留意有一個小站，叫做「磚仔窯」，從磚仔窯下車，還要轉搭鳳山客運，這鳳山客運就會一直開到高雄大樹的佛光山。

「下車之後要趕快跑！要努力跑，這樣才來得及赴上大悲殿九點的法會。」一向直心的金甌，跟著阿市姐，不做多想，叫她上車就上

車，叫她下車就下車，叫她跑，就跑……一路跑，喘極了。跑到了佛
光山中的寶橋，阿市姐說：「好了，休息一下。」金甌一邊喘，一邊
打量周遭環境，橋下潺潺的溪水，橋邊茂盛的大竹，空氣中，大悲殿
氤氳的煙香傳來，金甌覺得好舒心；她深呼吸一口氣，跟著阿市姐放
緩腳步，踏入大悲殿，白淨的觀世音菩薩垂著楊枝，斂眼看她，金甌
感覺到一種回家的感覺；法會開啟，師父的梵唄響起，不知為何，金
甌的眼淚就氾濫出來了。

奔跑拜佛的生活就這樣展開；金甌回想起那段時光，笑笑，說自
己好可愛。奔跑之際，大汗淋漓，但那股身心輕安的感覺，讓金甌覺
得幸福。

💬 租厝來學佛

民國76年，金甌在佛光山的大雄寶殿，正式皈依星雲大師。皈
依之後，仍然在市場與佛光山之間奔跑；那時，屏東地區學佛的人數
越來越多，但不是每個人都經得起像金甌這樣奔跑；此時林森路有位
郭師姐，非常發心，提供自家宅院作為屏東地區信徒的共修之地，於
是每個星期二晚上，佛光山的法師下山來到郭家主法，帶領信眾共
修。此時屏東講堂（建華三街46號）尚未建立，但佛光山師父的攝
受力非常威德，參加共修的人也越來越多。

此時眾人商議：六塊厝的房子很便宜，是否大家共同集資，去六
塊厝租房子來共修。商議妥定，金甌記得當時負責的永昌法師，每個

月給金甌一萬五千元，叫她去繳房租，金甌也記得屋主總是會回給金甌三千元，要跟大家結緣點油香。

租屋的環境不是很理想，但是大眾很珍惜；金甌每日護持道場，許多人都說她功德無量。當時有另外一個師姐，很發心，金甌想讓這位師姐能更發心護持，就把「敬茶」的工作託付了她。那陣子，金甌恰巧身體欠安，兩天無法來道場護持；某日晚上，金甌作夢，夢中房間的牆清清楚楚，一個韋馱護法穿牆而來，巨大神影停步在金甌的眠床前，跟金甌說：「妳，來清一清。」韋馱說完，又穿牆而去了。

金甌有點摸不著頭緒，第二天醒來，直覺就想，昨晚夢中的韋馱，似乎就是六塊厝道場的韋馱。金甌立刻前往六塊厝，此處道場雖然租金便宜，但緊鄰釣蝦場；金甌缺席的這兩日，野貓叼了釣蝦場的蝦殼來到道場，撒了滿地都是。金甌正在嘆氣，懊惱道場如此不能清淨，此時來了另一位師姐，兩人一起整理道場。清掃之際，金甌抬頭看見韋馱菩薩，忍不住頂禮膜拜，說了：「就是您啦！您就是一定要我來掃地啦！那這樣我了解了……我可不能生病。」

說起這一段，金甌的表情很歡喜。在金甌心中，一種「被需要的」幸福，讓她感覺快樂。快樂也來自於金甌心中被韋馱菩薩認可的重要感，那一種「非你莫屬」的感覺，讓金甌從此用心照顧自己的健康。這個韋馱穿牆的夢，似乎對金甌下達了一個「護持道場」的重要使命，金甌把這個使命承擔了起來，也把這個夢，反覆說了許多年。當年一起共修的師姐，例如：黃碧玉、鄧美春、賴雪英、許秀琴等

人，大家在一起將近三十多年，這個故事沒有消停過，即使不是自己的夢，老師姐們講起這一段，似乎也都有著共同的榮光。

在六塊厝租屋學佛的時期，佛光山星雲大師有感於共修道場的侷促，開始為屏東信徒物色適合的起建地。今日屏東講堂原址，是一個鋸木材的工廠；議地之初，大師的徒弟開車載大師來看地，由於對屏東道路不熟，車子幾番開過頭，就是看不到這片小小的鋸木廠；坐在車上的大師對路也不熟，憑著感覺下車看看，恰巧就看到了這片鋸木廠。此處地坪實在不大，並且格局也不方正，為了使整個殿堂的四方格局能夠端正，佛光山後來又追加跟另一位地主，買了現今屏東講堂右前方的一小塊角畸零地，這就是如今兩臺雲水書車可以整齊停置的地面。

民國79年，屏東講堂建好。落成之際，沒有盛大的典禮，也沒有入厝的儀式，就開始啟用了。金甌說：「福地福人居，整個屏東講堂平安吉祥，直到今日。」

紅衣觀音

從當年奔跑去大悲殿參加法會，到現在以屏東講堂為家，金甌這三十幾年來，每天早晨整理大殿佛前的花與水果，領常住的指令採買香燈所需的物品。民國80年的時候，金甌持受五戒，接下來的十二年，金甌一直想要去受菩薩戒，卻始終因緣不具足，直到民國92年，金甌才在大師座下，具足受戒。金甌說：「學佛要有福報啊！」

很多人想學佛，卻沒有因緣，金甌感謝過去世中，爲她種下得渡因緣的人，也認定當年帶她奔跑去大悲殿拜懺的阿市姐，是她此生貴人。金甌深深認可，要有福報才能學佛，而此生的她，正在努力積累福報，希望來生能夠學佛無礙。

這樣的金甌，在世人的眼中，雖然非富非貴，但金甌卻對自己的人生非常滿意，因爲她心中有一股非常強大的安全感。那股安全感，來自她每天跟佛祖菩薩保持在「online」的連線中。

金甌說，當年她沒有因緣受菩薩戒，但她還是被佛祖眷顧著。民國85年，金甌病了，原本每天在講堂照顧花草的她，虛弱到連水管都拉不起來，並且開始有直不起腰的現象。有一天，金甌夢見一位花衣服的女人，衣服上是青色、紅色或白色的小花朵，拿一顆藥丸子要給金甌吃。藥丸就像龍眼籽一般，黑黑的，金甌對花衣服女人說：「這是啥？這是龍眼籽？這要怎麼吞？」話還沒說完，夢中的情境已經是把藥丸吞下去了。

夢醒後，金甌記憶猶新，納悶那個花衣女子挺面熟的，但就是想不起來。如常來到講堂照顧花草之後，金甌才發現，今日水管似乎不像昨日那樣吃重了。收完水管，經過滴水坊，金甌瞥見裡面端坐一位觀音，身上紅衣遍是青白色小碎花，恰與夢中的一模一

滴水坊的紅衣觀音

樣。金甌忍不住大喜，走入滴水坊，衝著觀音大喊：「原來就是妳喔？」

自此夢後，金甌身體逐漸恢復元氣，逢人她就說，這病是滴水坊的觀音治好的，幸福的感覺再度滿溢。雖說自此大病之後，金甌的身體開始駝背，但她仍認為，若沒有夢中的那顆龍眼丸子，她的病還不知是怎樣的光景呢！

💬 幸福，來自利益眾生的信念

因為駝背，金甌個子很小，但她的「無人駕資源回收車」，卻曾經是萬年溪畔一片膾炙人口的風景。

佛光山屏東講堂興建之初，金甌就發願要護持道場，她的能力不好，唯一能夠做的，就是去撿破銅爛鐵來賣，賣得的錢就捐助給講堂。金甌記得屏東講堂興建之初，有個師姐家中的電冰箱不要了，叫金甌載去賣；金甌騎了一臺腳踏車，從講堂騎去屏東市的歸來里，把冰箱捆回來賣了。師父心疼金甌的辛苦，絮絮叨唸了好幾天……但那賣冰箱的錢：「不少啊！」

南華大學建校之際，金甌也曾經發心，要以資源回收的所得，作為贊助南華大

人間佛教的高貴行者

學的建校基金。金甌找來一個師兄，幫她把腳踏車改裝，四處去做回收；或許是與佛祖每天「online」連線之功，金甌做回收時，處處有幫手，回收車所到之處，總是剛好有人幫忙把各種物資扛上車子捆綁。這些幫忙的路人，真是太給力了：塑膠、鋁罐、破紙箱再加上雜什物品，把資源回收車堆得高高的，金甌跨上駕駛座，完全就被埋入了物品之中。踩動腳踏車，車子行經萬年溪畔，路上行人，總是看不到那個騎車的人！

　　說起這一段，金甌笑的燦爛……白髮駝背的金甌，黝黑臉上的笑容非常動人。在她心中有一個潔淨高尚的信念：「諸惡莫做，眾善奉行。」或許就是這樣心念吧，她傴僂蒼老的身影，總是散發出震懾人心的光輝。

　　政府開始發放老人年金的那一年，金甌領到了錢。她很慎重取出一千元，先交六百元給師父，發心護持佛陀紀念館。金甌說：佛陀紀念館每天那麼多人去，都沒有收門票，那水電費要怎麼辦？另外的四百元，兩百元護持屏東講堂五樓的水果，兩百元護持鮮花。「這樣一千元，不知道夠不夠？」金甌忐忑的問。師父說：「這麼多的錢，就像一座須彌山那麼多，怎麼會不夠？」金甌放心了，說：「那我下個月領到老人年金，我還送過來？」師父說好。

　　離開師父，金甌感覺自己好有價值。她有錢可以護持佛陀紀念館，有錢可以供水果鮮花，她已經跟佛館的遊客，還有講堂的信眾結了善緣。這個廣結善緣的感覺，讓她快樂；金甌說：「我生平第一次

知道，當老人很好。」她感恩那個發放老人年金的政府，雖然她完全不記得是哪個政黨哪個總統發的錢，但在這過程中，她覺得他們這些「沒用的老傢伙」有一種「被在乎了」、「被照顧了」的感覺。暖暖的，很窩心，她不要把這筆錢藏在口袋裡小心翼翼的用，她要把這筆錢拿出來，跟很多很多人，大家一起用。

💬 與佛祖「online」的每一天

問金甌，為什麼護持佛光山？金甌說：「我們佛光山的佛教，是人間佛教，就是要把佛法推動到人世間的生活裡。生活中有佛法，佛法才能利益他人；能夠利益他人的佛法，是我要的。」

「是我要的。」金甌很篤定的說。

金甌對人間佛教的信念如此堅定，是因為她常常去幫喪家助唸，也常常想起自己美麗的母親。金甌的母親，年輕時候皈依屏東東山寺，也曾叮嚀孩子們要皈依佛法。金甌記得母親臨終前，被家人移置放在客廳的地板上，那時候，母親的呼吸還沒有停，她趨前喊：「阿娘！」氣若游絲的媽媽說：「我有信佛的，我有皈依的，我要穿海青入棺材。」金甌與家人替母親穿上海青的那一晚，母親就離開人世了。

想起這一段，金甌的心情既欣慰，也心酸。由於皈依，母親對自己的後事有個明確的期許，臨終之前還能夠如此交代，讓金甌感到寬慰；然而，「往生」之事在當年是如此忌諱，尚未斷氣的人被抬到地

板上的恐怖感，讓金甌感到非常心酸。金甌雖然書讀不多，但堅定認為：對於往生之事，佛法應該要對社會大眾有個明確的教育，這樣的佛法，才是與人間生活結合的佛法。

篤定著這樣的理念，金甌風雨無阻，日日來到屏東講堂，也時時刻刻唸著佛號。她每天跟佛祖說話，就像跟自己最好的朋友在對話：「佛祖啊，午供喲。請諸佛菩薩來蒞臨。」「佛祖啊，阿米姐今日身體不痛快，您的大悲水，放進她的粥裡面，您要加持她，讓給她勇敢一點。」金甌相信自己是被佛祖關照的，因為她的身口意，隨時隨地都在跟佛祖保持「online」的連線。時時刻刻提醒自己要做好事、說好話的金甌，每日精進累積福報與功德，她相信業力的流轉，因此今生如此努力，她相信來生有輪迴，所以從不害怕死別。

金甌的人生，因為與佛同在，在一呼一吸之間，都帶著「阿彌陀佛」的節拍。生命是一種永恆的存在，因為學佛而自在的金甌，以「認真呼吸，老實唸佛」八個字，為自己的人生寫下幸福的註解。

屏東的萬年溪畔，常常出現一臺無人駕駛的資源回收車。

林金甌是一位虔誠的佛教徒，她做資源回收所賺到的錢，是為了護持佛光山百萬興學的活動。

林金甌這臺無人駕駛的資源回收車，感動了當地許多人。

當你全心全意要做一件好事，全宇宙的力量都會來幫助你。

六堆永遠的志工——曾彩金老師

文／彭素枝

長期從事地方文史工作的曾彩金老師，對南臺灣六堆客家地區的人文風情、歷史文化，做了一系列的研究與整理。最具有代表性的是：《六堆客家社會文化發展與變遷之研究》叢書總編輯，他所領導的「六堆文化研究學會」，不僅把耆老的口述史記錄出版成冊，也以有聲書方式推廣客家民間文學，其收集、整理的成果，在一定的程度上輔助學術界對臺灣六堆客家之研究。

　　一談起六堆客家文化，多少會提到曾彩金老師這號人物，今年70歲的他，貢獻於六堆客家文化將近四十年，在這漫長的歲月中他如何堅守這份志業？如何把這份志業做得有聲有色？榮獲不少的獎章與表揚，以下的內容就是答案揭曉。

⟨…⟩ 激發愛鄉情懷 —— 勇往直前

　　當年大學畢業後回鄉在高樹國中任教，一群志同道合朋友如溫永龍、劉錦鴻、曾明郎、溫泓達老師等人在晚上時會聚在一起談天說地，大家總是想著要為偏僻的家鄉做一點事。當時鄉長是劉康錦先生，人稱為「布鞋鄉長」，這是鄉民對他的稱譽，因為穿布鞋方便服務選民。在地方選舉派系上他是屬於老派，沒有支持當時的縣長，因此縣長對高樹存有成見，年終考核時把劉鄉長打為丙等，這是對當事者的一個羞辱。大家談到此總是忿忿不平，既然大家是鄉長的朋友，應該出來幫助他做一番事業，不要讓人以為高樹人很好應付，很好欺負。就因為如此，激發大家內在守護鄉土的情懷。

剛好鄉公所搬遷之後的舊址為日本時代的建築，大家都認為閒置的空間可以設置一座圖書館，在劉鄉長一聲令下「做做看」，請他擬好興建的計劃。在過程中得到鄉民、旅外鄉親、文化界、圖書館界的支持，使得徵集圖書、勸募經費非常順利，尤其是介壽圖書館捐贈4000～5000冊的複本書。由於他在大學曾經修過有關圖書館學分，可以將自己所學貢獻於家鄉，內心非常歡喜，於是由他帶領救國團義工、高樹國小、國中老師利用

曾老師指導學生整理圖書

課餘時間整理圖書。縣長聽聞高樹鄉要成立圖書館，於是利用下班之後來到圖書館籌備處，看到燈火通明，二十多位老師挑燈夜戰，聚集在一起編列書目。縣長看到此番情景，被這些志工服務的熱忱與理念所感動，對高樹鄉的印象馬上改觀。在大家群策群力下於民國65年成立屏東縣第一座鄉鎮圖書館，行政院長蔣經國先生特地來到高樹鄉視察，看到圖書館的成立與運作感到非常滿意，提示陪同一旁的省主席謝東閔先生推動「鄉鄉有圖書館」的計畫。後來屏東縣很多鄉鎮想要成立圖書館，都會邀請他跟劉錦鴻先生去分享經驗，這是他從事文化工作的第一步。

幸福金句：寵辱不驚，看庭前花開花落；去留無意，望天上雲捲雲舒。

縣長非常認同高樹人用心營造文化環境，詢問他們有沒有別的計畫？他要全額補助，不用大家辛苦募款，全國第一座鄉鎮兒童圖書館就在高樹鄉設立。

大家對文化工作越做越有興趣，在〈美濃周刊〉創辦人黃森松先生的鼓勵下，鄉長請他規劃辦理的屏東縣第一份社區報紙——〈高樹半月刊〉誕生，很多鄉民看到自己的名字出現在其中成為新聞人物，感到驚奇與歡喜，文化扎根發揮的影響力由此可見。

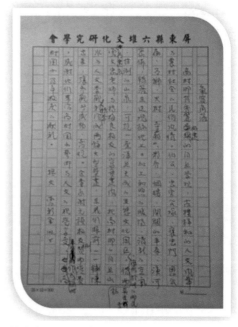

曾老師手稿

接著大家又想到要編《高樹鄉誌》，在他規劃下，採取土法煉鋼方式，記錄高樹鄉的社會、文化、政治、經濟等各方面發展的軌跡，歷經四年完成，這是屏東縣第一部由地方人士主動完成的鄉鎮誌。

文化工程首要的是人力與人才，於是他們在高樹鄉成立鄉救國團，在地方辦理藝文與球類活動，結合青年朋友。除此之外他們還辦理冬令救濟活動，錢從哪裡來？由二十多位好朋友組成「湯圓會」，每個人每個月捐2,000元，得標者不能全額拿走，其中一部分捐給圖書館，一部分捐給救國團，一部分是大家聚餐費用。救國團辦理冬令

救濟發放米糧時，就利用農會的鐵牛車直接送到弱勢家庭的手上，讓對方很感動。

由於曾老師的熱心以及前瞻性的想法，每每被推薦出來帶領大家完成一件件的工作與計畫。因為他喜歡看書，每個月至少

救國團的資深義工（左1）

看十幾份雜誌與時代脈絡接軌，也成為規劃時的養分，所以想法新穎，跟得上時代潮流。他也把這種閱讀習慣帶到救國團，開會時他總會介紹最近看了什麼書，內容是什麼，引發大家的興趣。之後，月會時大家就輪流發表閱讀新書心得，推動讀書風氣，大家的理念就更契合。為了培育人才，只要是全國性青年自強活動，他總會設法多爭取一位名額，讓幹部開開眼界，感受到人外有人，天外有天，無形中視野開闊起來，理念也會跟他相同，一起為高樹鄉努力。

這些開創性的文化事業陸陸續續完成，想到他可以為家鄉盡一份心力，把所學貢獻於家鄉，又有一些志同道合的朋友一起為家鄉打拼，做有意義的事，讓大家看到高樹鄉，心中感到無比的欣慰，過程雖然辛苦，看到這些成果，幸福感油然升起。他的努力也得到肯定，得到社教有功人員、社教績優人員、全國優秀青年等多項表揚。

投入客家文化 —— 不遺餘力

當他在屏東中學任教時，常常騎著腳踏車運動順便家庭訪問，甚至騎到東港、佳冬、新埤，跟地方人士交朋友。他對六堆民情風俗、地理環境的了解與地方人士熟稔，就是騎腳踏車騎來的，人脈因此建立，人際網絡遍布各鄉鎮，結交一些文史工作者，在不知不覺中替未來的計畫做準備。

民國85年他的老朋友劉錦鴻先生擔任「六堆文教基金會」董事長，吩咐他邀集學術界、文化界人士辦理「六堆文化座談會」，會中有人提議為了保存延續六堆歷史文化，有必要重新擴編鍾壬壽先生主編的《六堆客家鄉土誌》，大家一致推舉他擔任總編輯，承擔這項責任重大的文化事業。

接下《六堆客家社會文化發展與變遷之研究》叢書總編輯的工作，一開始因為人手不足，大小事務都要處理。尤其人的問題最麻煩，出主意的人多，動手幫忙的人少；篇章不斷增加，人力資源又不夠。叢書章節結合各領域人才，要把這些人才匯聚在一起就不簡單了，何況文人相輕各有主張，他又怕得罪人不敢講重話，所以要協調大家的意見達成共識，常使自己一個頭兩個大，所幸在總召集人徐正光教授不斷加油打氣下，集眾人的力量才可以圓滿完成出版印刷的任務。

其次是經費問題，每年一次在立法院的補助款協調會議，各部

會看在曾永權立委面子上滿口答應，等到會後補助經費核准下來就有很多項目的限制，送出去的預算書改來改去，各部會核銷標準也不相同，讓他非常頭痛。每年要提出期中、期末報告錢才會撥下來，文化中心主辦人常常半開玩笑威脅他，交不出報告就要他從文化中心五樓跳下去，害他常常半夜驚醒而睡不著。撥款下來之後，要向「六堆文教基金會」請款，又是一道難關，逼到最後他只好攤牌，才爭到自主權。擔任總編輯不僅要管編務，也要管行政，要爭取預算，三不五時還要先墊錢，幾乎什麼都要管，他說：「這也算是人生中難得的一項紀錄。」

最後是時間的緊迫性，常壓得他抬不起頭來，因為必須在四年內完成，要掌握每個章節的進度，而且對每個章節要瞭若指掌，所以常常作夢，夢到車子沒搭上，或是考試完了大家都交卷了，只剩下他還沒交。尤其到了最後階段，因為感嘆自己的能力不足，加上長期蓄積的壓力已經滿載，夜深人靜時往往偷偷掉眼淚。由於壓力太大，他毅然決然放棄五五退休專案而提早辦理退休，只是為了能夠如期完成計畫。編這套叢書，時間壓力大，人多又複雜，要領導200~300人共同完成一件事情是不容易的事，但這也是難得的經驗。很多人願意一起參與這項工作是被他的真誠所感動，如今他還感恩在心，大家同心協力共同完成這套叢書是六堆客家人的驕傲，他雖然因此得到「北美客家臺灣文化獎」的殊榮，但他把光榮歸為兩百多位共同參與這項文化事業的好朋友。看著桌上陳列壯觀的這套書，臉上浮現幸福的微笑，

感恩大家對他的認同與支持，又讓許多人看到六堆，是他一輩子難以忘懷的印記。

曾老師（右1）主持新書發表會於臺北市客家藝文館

守護客家文化 —— 志工心情

重修《六堆客家鄉土誌》，完成十四篇十五冊三百多萬字的《六堆客家社會文化發展與變遷之研究》，重新凝聚六堆客家人力量，徐正光教授認為應該要把這股力量延續下去，於是這個團隊後來成立「六堆文化研究學會」，由曾彩金老師擔任總幹事，繼續蒐集、整理出版有關六堆客家文化叢書。陸續出版耆老口述歷史、六堆民間文學

有聲書……等。後來被推舉擔任「六堆忠義祠」總幹事時，又整理出版《忠義祠人文與歷史文獻》，翻譯《嗚呼忠義亭》，翻轉許多人對「六堆忠義祠」是陰廟的偏見。近年來主持六堆詞彙庫、六堆客家詞典、六堆民居與庭園植栽編纂等計畫。為了推廣六堆客家文化，曾經在全國各大學客家系所講授或演講客家文化課程，協助電子與平面媒體攝製、報導六堆客家文化，積極參與各種研討會、座談會增加六堆客家的能見度，念茲在茲都是為了推廣六堆客家文

榮獲2007年客家貢獻獎

化，因為他相信文化是和平的力量。他的努力受到肯定，於2007年獲得首屆客家貢獻獎的榮耀，他在頒獎會議上還不忘推銷六堆客家，

榮獲2013年教育部本土語言推廣貢獻獎

呼籲行政院客委會要多行銷六堆，整合六堆的文化資源；調整行銷的策略，協助六堆鄉親運用網路；幫忙開發六堆特色旅遊；增強六堆旅遊便利的交通……等。2013年在獲頒教育部本土語言推廣貢獻獎致詞時，他再三強調：語言是我們的

幸福金句：寵辱不驚，看庭前花開花落；去留無意，望天上雲捲雲舒。

根，沒有根就沒有文化，沒有文化就不可能有歷史，沒有歷史，六堆存在的價值就沒有了，這種事絕對沒有妥協的空間。

　　他說：「一日為志工，終身為志工。」尤其是生活在六堆，自然就會想要為六堆奉獻，這是文化志工的心情。在過程中難免會遇到挫折、別人有所質疑，他就會想到新加坡前總理李光耀先生說過的話：「你如果認為是對的事情，你就不要在乎別人怎麼想。」自己覺得做的事情是對的，就不必太在意別人的眼光，投身公共事務就是如此，他以做志工的心情來完成許多志業，不求什麼回報。他常說：無私才能包容別人，接受不同的意見、看法，才能持續把工作完成。而且因為無私，才能得到別人的認同，就像他為了籌措《六堆客家詞典》的編輯、出版費用，到處向人募款，捐款人被他的真心誠意感動，進而慷慨解囊，讓編輯工作順利進行。他說：「文化工作是無止盡的，只能做多少算多少。」當然家人的支持也很重要，因為經常忙於文化工作，家中大小事情全靠太太張羅，太太也很認同、肯定他的理念與作法，所以任勞任怨處理家務，讓他安心奉獻於六堆客家事務上。從事文化工作很難不跟政治打交道，但是做文化和從事政治工作的區別是：朋友會越來越多，敵人會越來越少。在他號召下有一群相知相惜的朋友，為了保存六堆客家文化，孜孜矻矻埋首於書桌撰寫文稿，不辭辛勞採訪耆老、蒐集文獻，為的是替六堆客家後代子孫留下祖先光榮的斐頁及優良的傳統，讓後代的子孫引以為傲，以做六堆人為榮。

　　帶領團隊，成員當中難免會有不同的意見，如果大家都能體諒，

就能一起共事，如果沒有辦法也不能勉強，尊重彼此的選擇，因為只想著不能得罪人，任事就會消極。

　　回首往昔，前瞻未來，他所主持的計畫能一一完成不也是靠這群理念相同、行動一致的朋友。人與人之間貴在於相知相惜，他自認為何德何能，居然有一群人共同戮力打拼，一起完成心中的夢想與藍圖，這不就是一件幸福的事嗎？

曾老師（第一排左2）主辦忠義祠「六堆人、六堆事」座談會

☺延續客家文化 —— 退而不休

　　階段性的任務完成後，他打算退隱而藏拙。退隱是學習放手、放開，況且身體已不再年輕，為了好好地寫自己要寫的東西，對自己有所交代，過一個單純的生活，保養身體，維護健康。藏拙是要讓自己有一個優雅下臺的身影，讓人尊敬，這樣的人生才有價值，就如客家話所說的「知進退」。經歷過這

曾老師受訪時的風采

麼多的事，接觸過這麼多的人，經過多少的風風雨雨，歷經多少的豔陽和風，如此的人生對他而言已知足而無憾。至於下一代要不要承接這項文化事業，那是他們的事了，不能勉強，只能盡其在我。

☺結語

　　他覺得從事文化工作是有意義的：心胸會變得開闊，知道自己的不足，必須不斷學習與交流，自己在過程中學習別人的優點，成為實踐時的力量，人生如此夫復何求。

　　他認為人要幸福必須KISS，一聽之下以為他是兩性專家，經他解釋原來是：「Keep it simple and stupid」生活要保持單純，不要想

太多：人要笨一點，才不會跟人計較，事情才會做的多、做的久，而樂在其中。他的人生智慧替我們開啓了幸福的大門，他的爲人處世替我們樹立了幸福的典範。

他常說：得獎對他而言總是虛名一場，重要的是對六堆客家文化的投入、守護與延續都是「盡其在我」，好一個「盡其在我」，它就是幸福的通關密碼，他已經無私地告訴你了，請用這個通關密碼去追尋你的幸福。

協助高樹鄉成立屏東縣第一座鄉鎮圖
書館，自此踏上六堆志工之路。

集眾人之力，主編《六堆客家社會文
化發展與變遷之研究》叢書。

替地方文化事業貢獻心力，獲獎無
數。

放下、放手、盡其在我，優雅的下臺
身影──幸福密碼。

理性與感性兼具的幸福科技推動者

大仁科技大學　王駿發校長

文／盧以琳　圖／王駿發

⚇ 平凡的童年，不平凡的意志

　　105年5月12日，一個天氣晴朗的日子。成功大學力行校區的「綠色魔法學校」，正舉辦了一場別開生面的「2016臺日大學校長論壇」，論壇主題為「全球化時代臺日大學共同面臨之挑戰」（Globalization and the Challenges Confronting Universities in Taiwan and Japan）。這場論壇匯集了來自臺日超過一百四十位大學校長，針對臺日高等教育現況面對全球化的挑戰進行深度交流，其中有場令人印象深刻的專題演講：「橘色科技在國際合作間的創新設計」，主講人正是來自屏東大仁科技大學的王駿發校長。

　　出生在臺北迪化街的王校長，小時候經常和街坊夥伴在淡水河邊走在7、8米高的堤防上，心裡有一些小害怕，但是還是常會去挑戰一種在狹窄高臺上行走的成就快樂感。偶爾到廟口玩尪仔標，看著一旁三三兩兩的老人家下象棋，王校長形容自己的童年沒什麼特別。父親是木匠，母親是單純的家管，育有四男兩女，排行老五的王校長，自小品學兼優，國小一年級就擔任班長，經常主動教同學課業。國中獲得幾何競試第一名，在數理部分的興趣開始彰顯，並開始主動探尋數學的道理，在同儕常為「雞兔同籠」的問答題感到困惑時，王校長已經開始對解數學習題特別感到有趣。回想數學對自己的啟發，王校長說：「量化是可以用來解釋人生的。」他認為很多人不喜歡量化，但是量化可以把幸福感這類抽象的內容具體化和數據化，並將之邏輯化。

王校長高中就讀建國中學，經常在校園對面的植物園散步，當時適逢教育部推動「新數學」，從舊數學的「做什麼」到新數學的「為什麼」，初接觸存在主義的人文思考，讓王校長本就具有的數學天分外，啟動了另類探究的意向。從高中時期開始，他經常思考著：「生命從何而來？」、「人的一生為了什麼？」、「將來可以做什麼？」、「世界是怎麼來的？」……。高中時期的學潮加上喜好探索生命真理的性格，形塑了職涯中後期開始將科技導入幸福人文的特殊走向。如果說「推動幸福」是王駿發校長現階段人生的志業與使命，那兒時與年少學生時期的成長經驗，顯然讓這位理工界巨擘，埋下成為幸福人生推手的因緣。

　　除了受到存在主義的影響，「集合理論」（Set theory）對王校長的高中生涯也產生不小的撞擊。「集合理論」的聯集、差集、交集帶給王校長人際互動關係的思考，他說：「幸福學也會談到『集合』，大部分人談幸福都只會想到個人而已，可是我們有想到一個面向，是你的『集合』是什麼？是個人呢？還是家庭呢？還是社區呢？還是城市呢？還是國家？這會對應到個人幸福、家庭幸福、社區幸福……，議題是不一樣的。因著人的集合的不同，產生的問題就會是不同的。個人的集合是一個人的事情，把自己管好就好，家庭幸福就要談家庭裡的互動和關係……，集合理論可以相乘，相乘就變成關係，某一個家庭有五個人，另一個家庭有七個人，兩個集合相乘就變成有三十五種關係。」把數學的概念轉化成人際關係的應用，是王校

長人生旅程裡一種與眾不同的樂趣和信仰。

他也擅長用數學來辯證人生觀。王校長說：「『自然數』指的是正數，例如：1、2、3……，『整數』則包含正負數，例如：1、2、3和-1、-2、-3……，一般人會以為整數比自然數多，但是經過集合論的驗證，自然數和整數的個數其實是一樣多的，這說明了直覺是有問題的，直觀在辯證以後常會發現是不一樣的。」用數學理論建構出自己的哲學觀點，使得王校長在教學與領導，兼具人文與實證。

把數學理論用在解決問題上，王校長也有一套他獨有的邏輯，他認為「數學是真理的描述」，例如愛因斯坦的相對論很多內涵，卻化為簡單的幾個公式，用很簡單的數學理論就描述了一套真理。他信手拈來用「微積分」來說明：「『微積分』裡就是先把事情變得很小，再把它累積起來。當在生活上遇到問題時，覺得很難處理，就可以先把它分成一小塊一小塊，把小問題先解決，分割再克服。」穿梭在數學理論與人文的思考，讓王校長成為理性與感性的集合體。

其實，擅長將理工的素養應用在校園裡、在學界長出人文幸福的花朵，已是大家對王校長的深刻印象，但不只如此。王校長在日常生活裡，也有一套自己的幸福生活哲學，他說：「週末就是追求自我幸福的時間。」王校長重視與家人的相處，喜愛爬山、健走，嗜好是下象棋。對於擅長策略規劃的他，象棋可以佈局，更可以應用在人生與事業上。他認為，人生最重要的就是看你的佈局好不好，有沒有掌握到正確的方向。至於問到有沒有棋逢敵手的棋友，他居然拿出了手

機，開心地表示Chinese Chess（中國象棋）的App相當好用，讓人不覺莞爾。問他最有幸福感的事是什麼？有宗教信仰的王校長說：「轉念」，因為人在順境時很自然地會有喜悅感，但在逆境時，若能轉化心念，跳出幸福的畫面，把逆境變成菩提，那麼任何的狀況都能夠彩繪人生。

☺ 提出「橘色幸福科技」的大學校長

王校長近一步分享何謂「橘色科技」，他說：「『橘色科技』（Orange Technology），有別於綠色科技，以環保為議題，強調以人本、人道關懷為中心，發展健康、幸福、人文關懷相關科技與系統產業為訴求。橘色是紅色與黃色之組合，分別代表明亮、健康、幸福、溫馨。」他將橘色科技研究區分為三大主軸，包括：Health Technology（健康科技）、Happiness Technology（幸福科技）、Orange care Technology（關懷科技），未來可再延伸至橘色經濟、橘色設計、橘色產品、橘色空間、橘色心靈等。

理工背景出身的王校長，在學術界擁有極高的聲譽，不僅曾任成功大學工學院院長、國立科學工藝博物館館長，更是國際知名電機電子工程師學會（IEEE Fellow）會員，其嚴謹的設計、開闊的態度、創新的思維，將科技導向人文幸福的推動，王校長的演講引起與會來賓高度興趣，並吸引其他校長於會後陸續向王校長請益關於「橘色科技」在校園推動的種種可能性及相關的策略。

幸福金句：與其成為第四顆蘋果，不如成為全世界的第一顆橘子。

⌣ 幸福的種子可以由大學開始

王校長不僅將橘色幸福科技在重要學術場合發表，更將幸福的內涵直接施行於大學校園中，以「幸福」為主軸建立學校特色，就成了大仁科大獨具特點的藍海策略。2012年起推動千萬幸福助學工讀金以來，已經發放四百多萬的工讀金，有五百四十七名弱勢與中低收入戶的學生（含境外生）受惠。加強產學合作、開拓校辦衍生企業，籌組幸福企業聯盟，使產學融入教學中，目的就在於培養學生的軟實力（態度）、硬實力（專業技能）與巧實力（應用），使學生不僅就業、創業無障礙，更能夠創造無慮的幸福未來。在王校長的主導下，大仁出版了全世界第一本幸福學教科書，有二十多位教授開設幸福課程，培養具感恩、歡喜與公益心的學生。

隔年，並推動四大學院院長率領其隸屬系所，書寫紀錄其在各自的專業領域裡所實踐的幸福面貌，以電子叢書的方式與社會大眾相見，王校長也在該系列叢書的序言如此寫著：「幸福，不再只是學術研究中的數據資料，也不再只是教育系統中吶喊的理想，幸福叢書編輯團隊用很具體的方式，將幸福的各種元素分享呈現，希望能夠帶動全民幸福意識，讓原本就存在的幸福，真實深入每一個人的心靈感受中。」

其中，《幸福九堂課》是「人文暨社會學院」的作品，當時的院長林爵士以「幼保開啟生命的門，社工引領生命的路，外語擴展生

命的廣，幸福九堂課，文創您的心」爲該書各系設計要點。序言中林院長提到大仁科大在王駿發校長的領導提倡下，幸福學不再只是抽象主觀的語彙。從科技部幸福議題研究計畫的取得、科學月刊的幸福學專文刊登、幸福學教科書的正式問世、幸福校園的勾勒實踐，我們一步一步，走在人煙稀少，但卻昂首前進的幸福之路。由此可見大仁科技大學在王校長的帶領之下，由上而下、由行政到教學、由現在到未來、由意識到心靈，形塑了一股濃厚合力推廣幸福的氛圍。

◌ 首創「幸福早鳥先修課程」

105年8月，當多數學子都還在放著暑假，在大仁科技大學校園裡，人文學院一樓的階梯教室，率先敲響了一記幸福的鐘聲！王駿發校長領軍通識中心及各系所專業教師以首創的系列「幸福早鳥課程」開啓大一新生未來四年大學生活的序幕。兩梯次的幸福早鳥課程，共有百餘位大一新生搶先體驗幸福課程，內容分成「幸福概論」以及「幸福實作」兩大領域，全套課程以幸福爲主軸，概論部分分別從幸福理念、幸福經濟學、幸福心靈、幸福科技、幸福與創新產業發展等面向切入，侃侃而談幸福的多種面向。

王校長在新生歡迎致詞後，以「從綠色科技到橘色科技：開創自己的幸福人生」講題，分享橘色科技之理念及帶領新生設計自己的幸福人生。王校長帶著一貫和藹的笑容，以網路盛傳的千元鈔踩髒仍是千元鈔，並不毀損其價值的例子，來和新生們進入關於生命價值的討

論，王校長問：「請問你們的核心價值是成功、有錢、有名、美麗、健康、還是幸福快樂？」新生們紛紛回答：「有錢。」王校長微笑說：「人生有錢不一定快樂哦！很多人很有錢，但是不快樂，但是沒有錢也不會太快樂，所以我們要有幸福快樂也要有錢，要有錢，就要追求卓越，當你有了卓越的人生，如果還具有社會關懷的意識，你就會更幸福快樂。」王校長的幸福理念有別於坊間許多標榜極簡生活才能換來幸福心靈的說法，他以新穎幽默的語調和討論方式，和新生們一起討論如何同時成就卓越和追求長久的幸福。

　　課程進行到中段，他請同學用筆寫下十件讓你快樂、一件不快樂的事情，透過實際的練習，提醒同學養成在生活中看見幸福的眼光及正向的思維，他說：「很多事是正面的還是負面的，和你怎麼看它有關，大部分時候轉個彎看，就會看見它的正面意義。」；接著，王校長問新生們：「你們有聽過『影響世界的四顆蘋果』的故事嗎？」新生們輕輕地搖搖頭，王校長以他慣有的微笑親切地回應：「以前有三顆蘋果影響了世界，第一顆蘋果是亞當和夏娃禁不住誘惑偷嘗禁果，成了人類世界的起源；第二顆蘋果打到了牛頓的頭，因此發現萬有引力，開啓科學的新思維；第三顆蘋果是賈伯斯創立的蘋果電腦，改變了人類的生活方式。很多人都在討論，誰會成為第四顆蘋果再度改變了世界？你們想成為改變世界的第四顆蘋果嗎？我想，與其成為第四顆蘋果，不如成為全世界的第一顆橘子，用橘色科技來創造幸福的人生。」

王校長在其近五十年的理工訓練與教學中，處處可見創意的思維和精進的意志，他用「橘色科技水計算模式」，來鼓勵新生們要創造「H₂O」的人生，包括：H₂－Health（健康）、Happiness（幸福）及O－Orange Care（橘色關懷）模式，鼓勵新生們幸福的人生要自己創造。

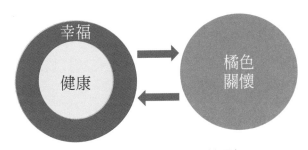

圖一　橘色科技水計算模式（資料取自：王駿發校長）

💬 大學校園是師生幸福的夢想園地

　　為了提升校園環境優質化，更是處處可見貼心的幸福角落，「幸福書坊」、「幸福玫瑰園」、「幸福禪坊」、「幸福之門」、「幸福微笑」等依序建置完成，從自然環境培養師生的幸福感。王校長表示，當學校能夠幫助學生培養幸福（Happiness）的九個素養——身心靈健康（Health）、感恩之心（Appreciation）、歡喜心（Pleasure）、公益心（Public Welfare）、智慧與國際觀（Intelligence and International Visibility）、創新創業能力（Novelty）、就業理財能力及環保素養（Economy and Environment）、知足常樂之心

（Satisfaction）、可持續發展理念與能力（Sustainable），那就是一生取之不盡、用之不竭的寶貝。

王校長在大大小小的場合，不停歇地在校園中推動其自創的幸福校園之實踐與創新：實踐三好──存好心、做好事、說好話，將其應用在生活中；應學習三力──硬實力、軟實力、巧實力，將其應用在職場中；開創三生──讓生存有保障、生活有品味、生命有光輝，邁向幸福的人生。自2012年王校長受命迄今，該校已有許多關於學術的、環境的、意識的、氛圍的轉變，如今走在該校校園處處可見幸福的蹤跡。

提到未來的規劃，王校長表示，將與高、中、小學籌組「幸福校園聯盟學校」，讓幸福教育從小學開始，將其在大學校園推廣幸福的成功案例，推廣落實於教學與課程以及校園的軟硬體規劃之中，使幸福力的培養從小開始。且讓我們祝福王校長持續以感性的幸福心念，透過學術、工作、日常生活的點滴努力，成就他幸福志業的人生。

國中時代，獲得幾何競試第一名。

高中時期，他經常思考著：「生命從何而來？」、「人的一生為了什麼？」、「將來可以做什麼？」、「世界是怎麼來的？」。

王校長在「幸福早鳥先修課程」問新生：「你們想成為改變世界的第四顆蘋果嗎？我想，與其成為第四顆蘋果，不如成為全世界的第一顆橘子，用橘色科技來創造幸福的人生。」

王校長還持續在大大小小的場合裡，不停歇地推動著幸福理念。

國家圖書館出版品預行編目資料

遇見幸福4.0／林爵士等合著. ——初版.
——臺北市：五南，2017.09
　面；　公分
ISBN 978-957-11-9335-9（平裝）

1.通識教育　2.高等教育　3.文集

525.3307　　　　　　　　106013702

1XAZ 通識系列

遇見幸福4.0
18篇人生暖暖練習題

主　　　編 ― 林爵士

作　　　者 ― 邱春美　盧以琳　李虹叡　林爵士　何曉暉

　　　　　　　郭育志　彭素枝　賀豫菁　傅瓊儀　詹玉瑛

　　　　　　　顏君彰　龔仁棉

發 行 人 ― 楊榮川

總 經 理 ― 楊士清

副總編輯 ― 黃惠娟

責任編輯 ― 蔡佳伶　簡妙如

校對編輯 ― 胡天如

封面設計 ― 申朗創意

出 版 者 ― 五南圖書出版股份有限公司

地　　　址：106台北市大安區和平東路二段339號4樓

電　　　話：(02)2705-5066　　傳　　真：(02)2706-6100

網　　　址：http://www.wunan.com.tw

電子郵件：wunan@wunan.com.tw

劃撥帳號：01068953

戶　　　名：五南圖書出版股份有限公司

法律顧問　林勝安律師事務所　林勝安律師

出版日期　2017年9月初版一刷

定　　　價　新臺幣380元